特色之鄉

文化之鄉與文化內涵

袁鳳東 編著

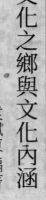

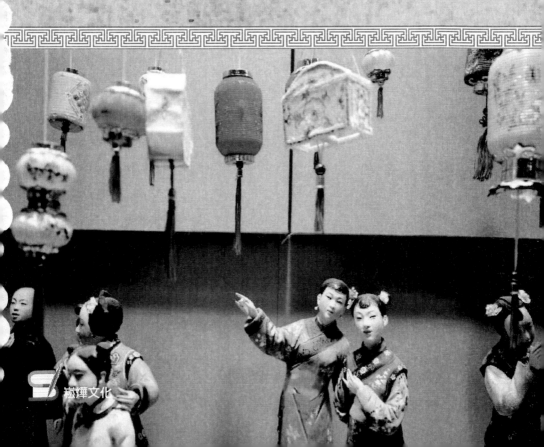

崧燁文化

目錄

序言 特色之鄉

大放異彩 工藝之鄉

石雕之鄉——曲陽 7

雜技之鄉——吳橋 12

刺繡之鄉——蘇州 16

絲綢之鄉——南充 21

剪紙之鄉——蔚縣 25

風箏之鄉——濰坊 30

名滿天下 文化之鄉

歙硯徽墨之鄉——歙縣 36

宣紙之鄉——涇縣 42

湖筆之鄉——善璉 46

年畫之鄉——桃花塢 50

書畫之鄉——蕭縣 55

曲藝之鄉——南陽 59

各有千秋 藝術之鄉

武術之鄉——沛縣 66

簫笛之鄉——玉屏 71

燈彩之鄉——硤石 75

木雕之鄉——東陽 81

特色之鄉：文化之鄉與文化內涵

目錄

拉花之鄉——井陘 ⋯⋯⋯⋯⋯⋯⋯⋯⋯ 84

腰鼓之鄉——安塞 ⋯⋯⋯⋯⋯⋯⋯⋯⋯ 90

民歌之鄉——紫陽 ⋯⋯⋯⋯⋯⋯⋯⋯⋯ 95

出產之地 特產之鄉

陶器之鄉——宜興 ⋯⋯⋯⋯⋯⋯⋯⋯⋯ 102

瓷器之鄉——景德鎮 ⋯⋯⋯⋯⋯⋯⋯⋯ 107

陶塑之鄉——石灣 ⋯⋯⋯⋯⋯⋯⋯⋯⋯ 113

牡丹之鄉——菏澤 ⋯⋯⋯⋯⋯⋯⋯⋯⋯ 119

黃酒之鄉——紹興 ⋯⋯⋯⋯⋯⋯⋯⋯⋯ 125

花炮之鄉——瀏陽 ⋯⋯⋯⋯⋯⋯⋯⋯⋯ 129

織錦之鄉——湘西 ⋯⋯⋯⋯⋯⋯⋯⋯⋯ 133

序言 特色之鄉

文化是民族的血脈，是人民的精神家園。

文化是立國之根，最終體現在文化的發展繁榮。博大精深的中華優秀傳統文化是我們在世界文化激盪中站穩腳跟的根基。中華文化源遠流長，積澱著中華民族最深層的精神追求，代表著中華民族獨特的精神標識，為中華民族生生不息、發展壯大提供了豐厚滋養。我們要認識中華文化的獨特創造、價值理念、鮮明特色，增強文化自信和價值自信。

面對世界各國形形色色的文化現象，面對各種眼花繚亂的現代傳媒，要堅持文化自信，古為今用、洋為中用、推陳出新，有鑑別地加以對待，有揚棄地予以繼承，傳承和昇華中華優秀傳統文化，增強國家文化軟實力。

浩浩歷史長河，熊熊文明薪火，中華文化源遠流長，滾滾黃河、滔滔長江，是最直接源頭，這兩大文化浪濤經過千百年沖刷洗禮和不斷交流、融合以及沉澱，最終形成了求同存異、兼收並蓄的輝煌燦爛的中華文明，也是世界上唯一綿延不絕而從沒中斷的古老文化，並始終充滿了生機與活力。

中華文化曾是東方文化搖籃，也是推動世界文明不斷前行的動力之一。早在五百年前，中華文化的四大發明催生了歐洲文藝復興運動和地理大發現。中國四大發明先後傳到西方，對於促進西方工業社會發展和形成，曾造成了重要作用。

中華文化的力量，已經深深熔鑄到我們的生命力、創造力和凝聚力中，是我們民族的基因。中華民族的精神，也已

特色之鄉：文化之鄉與文化內涵

序言 特色之鄉

深深植根於綿延數千年的優秀文化傳統之中，是我們的精神家園。

總之，中華文化博大精深，是中華各族人民五千年來創造、傳承下來的物質文明和精神文明的總和，其內容包羅萬象，浩若星漢，具有很強文化縱深，蘊含豐富寶藏。我們要實現中華文化偉大復興，首先要站在傳統文化前沿，薪火相傳，一脈相承，弘揚和發展五千年來優秀的、光明的、先進的、科學的、文明的和自豪的文化現象，融合古今中外一切文化精華，構建具有中華文化特色的現代民族文化，向世界和未來展示中華民族的文化力量、文化價值、文化形態與文化風采。

為此，在有關專家指導下，我們收集整理了大量古今資料和最新研究成果，特別編撰了本套大型書系。主要包括獨具特色的語言文字、浩如煙海的文化典籍、名揚世界的科技工藝、異彩紛呈的文學藝術、充滿智慧的中國哲學、完備而深刻的倫理道德、古風古韻的建築遺存、深具內涵的自然名勝、悠久傳承的歷史文明，還有各具特色又相互交融的地域文化和民族文化等，充分顯示了中華民族厚重文化底蘊和強大民族凝聚力，具有極強系統性、廣博性和規模性。

本套書系的特點是全景展現，縱橫捭闔，內容採取講故事的方式進行敘述，語言通俗，明白曉暢，圖文並茂，形象直觀，古風古韻，格調高雅，具有很強的可讀性、欣賞性、知識性和延伸性，能夠讓廣大讀者全面觸摸和感受中華文化的豐富內涵。

肖東發

大放異彩 工藝之鄉

在中國各地有許多豐富多彩的工藝之鄉，如石雕之鄉曲陽、刺繡之鄉蘇州、絲綢之鄉南充、剪紙之鄉蔚縣、風箏之鄉濰坊。此外，還有木雕、繡花織品、編織物、家具、象牙雕刻、絹花、麥稈貼、金銀首飾、裝飾壁等。

由於各地在歷史時期、地理環境、經濟條件、文化技術水準、民族風俗和審美觀念等方面的不同，因而顯示出不同的時代風格、民族風格和地域特色。它們在文化藝術上卻集壯美與樸素於一身，表現出淳樸明朗的風格，具有鮮明的的特色。

▌石雕之鄉──曲陽

■曲陽石雕螭首

曲陽，位於華北平原西部，太行山東麓。因地處古恆山彎曲處的陽面而得名，為河北古老縣市之一，素有「中國雕刻之鄉」的美譽。

特色之鄉：文化之鄉與文化內涵

大放異彩 工藝之鄉

曲陽有著深厚的文化底蘊，據考證，早在幾十萬年前，曲陽北部的「靈山溶洞」就有華夏猿人繁衍生息。在五、六千年前的仰韶文化時期，氏族部落已在這裡出現。到商周時期，曲陽西北部已出現村落。

源遠流長的歷史積澱，孕育了曲陽輝煌的文化。曲陽境內，有見證中國陶瓷業輝煌歷史的定窯遺址，有千年古剎北嶽廟、黃石公祠，可它享有盛名的理由，源自於曲陽創造了燦爛的石雕文化。

曲陽城南有座黃山。傳說女道士昌容曾隱居此山，自稱殷女，食蓬蔂根，往來山下兩百餘年，顏面如童，故此山又稱少容山。

黃山橫臥東西，狀若銀龍。滿山漢白玉大理石，潔白晶瑩，純淨細膩，潤滑堅韌，經久耐磨，色澤不敗，是石雕的優質材料。這種特有的石料資源是曲陽石雕早期發展的最基本的因素和條件。

相傳，春秋戰國時期諸子百家流派之一的黃石公，為曲陽人。當他還是個幼小的嬰兒時，被棄於曲陽的黃山，長大後隱居黃山，著書立說，留下《素書》和《雕刻天書》。他把前部書傳給張良，把《雕刻天書》傳給曲陽同鄉宋天昊、楊藝源兩位弟子，從此曲陽人開始在黃山上創習石木雕刻。

有史料可考，大約在西元前兩百年前，曲陽西羊平一帶石工開始用當地大理石雕碑碣諸物，而這個時期也是中國古代雕塑藝術發展的初期，在製作題材的表現形式上，除繼承了戰國和秦代的藝術成就以外，石刻藝術成就特別突出。

西漢時期，曲陽石雕用於建築業。在保定曲陽王台北村的白草坡上，曾有一座大型漢白玉結構的高塔，相傳是東漢光武帝劉秀為一條義犬而修建的，名曰「狗塔」，在當地還流傳著一個動人的故事。

　　相傳，西漢末年，王莽篡權，改國號新。新朝上下官吏為虎作倀，助紂為虐，天下哀鴻遍野。劉秀為推翻王莽便在河南南陽起兵，之後被王莽一路追殺。

　　這一天，劉秀跑到曲陽王台北村南的白草坡上，躲藏在草叢中。追兵一時找不到劉秀，就開始放火燒山。眼看劉秀葬身火海，突然從村口跑來一條大黃狗，只見它跳進附近的一個水塘中，然後再渾身濕淋淋地跑到劉秀身邊滾一滾，把周圍的枯草弄濕。

　　就這樣，那條黃狗週而復始，一次次地在枯草上翻滾，終於制止住烈火的蔓延，從而保住劉秀的性命，但那條黃狗卻因過度勞累而死。劉秀十分感激這條通靈性的義犬，將它埋葬後才離去。

　　劉秀稱帝以後，還是念念不忘那條義犬的救命之恩。於是，詔令曲陽當地石匠在那白草坡上修建了一座「狗塔」，以示對義犬永久紀念，而那白草坡也被後人稱為「狗塔坡」。

　　狗塔全部是用當地出產的漢白玉及磚瓦精雕築成，共十三層，高約五十公尺，塔形呈平面八角形，每層四面均設有券門，塔身各層高度及塔逕自下而上逐層遞減，收分得體。

　　狗塔底座四面的欄板上，雕刻著數百條形態各異的犬，栩栩如生，引人入勝。狗塔第一層的外壁上刻有光武帝劉秀

為義犬親自撰寫的祭文，塔內一至四層的石壁上還刻有浮雕壁畫。

第一層是「義犬救劉秀」的驚險場面，讚頌了義犬捨死救人的精神；第二層是「荊軻刺秦王」的歷史畫面，表現了燕國俠客荊軻不畏強權、捨身報國的英雄氣概。第三層是「劉秀大戰昆陽」的戰鬥場面，曲陽石雕藝人透過自己的藝術構思與精湛的雕刻技藝，使活生生的戰鬥場面躍然於堅石之上，以此表現光武帝劉秀推翻王莽、天下悅服的正義行為；第四層是「田園雨耕圖」，此浮雕刻畫的是農夫趕著耕牛在清風細雨中勞作的場面，表現了劉秀稱帝之後，人們安居樂業和風調雨順、五穀豐登的社會現狀。

狗塔內的這些浮雕作品，構圖嚴謹，布局勻稱，刀工細膩，形象逼真，藝術性較高，代表當時曲陽雕刻藝人的技藝水準。

曲陽狗塔是中國最早的紀念碑式大型石雕之一，也是中國東漢時期石雕藝術成就較高的建築物。令人痛惜的是，這座狗塔後來因為年久失修而倒塌。

元代時，曲陽石雕藝術有了新的發展，作品造型優美，做工精細，奇巧生動，品種豐富，風格、流派各異，石雕藝人層出不窮。

楊瓊是元代曲陽黃山腳下西羊平村出名的石雕藝人，其父、叔、兄均以石雕為業，唯楊瓊技藝高超，每自出新意，人莫能及。元世祖忽必烈建都，詔各地石匠進京獻藝。楊瓊

取漢白玉兩塊，雕刻成一獅一鼎，忽必烈見之大喜，贊曰：「此絕藝也。」

明清時期，曲陽石雕工藝更加精巧，清末曲陽人雕刻的《仙鶴》、《乾枝梅》等作品在巴拿馬國際藝術博覽會上榮獲第二名，以致天下皆稱曲陽石雕。

曲陽石雕的傳統工藝是利用開臉特技法，在石料上畫出大概輪廓，先雕鼻子，再從頭到腳依次雕刻，做到內外有度，比例協調。傳統產品有碑刻、經幢、欄板、八仙、八音人、佛像、武士、仕女、石獅、石猴、石虎、石像、石羊、石棺、石燈、石柱、石墩、石槽等。

曲陽石雕既不失曹魏神祕朦朧的粗獷氣魄，又承啟唐宋自然豐滿莊重優美的造型，菩薩觀音、力士天女、龍鳳獅獸為其藝術典型。此外，浙江青田、浙江溫嶺、福建惠安、山東嘉祥也是中國著名的石雕之鄉，在全國佔有非常重要的地位。

閱讀連結

曲陽北嶽廟內存有碑、碣、經幢兩百多通，並建有碑廊、碑樓，是河北最大的碑群之一。時間從南北朝至清末計一千五百多年。碑刻中的大唐定州北嶽恆山靈廟之碑、大唐北嶽祠碑、大唐北嶽神之碑、大宋重修北嶽安天王廟之碑、大宋重修北嶽廟之碑、蘇軾詩詞碑、大元封加北嶽手詔碑等，堪稱書法藝術的寶庫。

　　北嶽廟內建有雕刻藝術館，保存古雕刻一百多件。其中的西漢石虎、北魏石獅、北魏背光千佛像、唐代石燈、唐代大佛、石佛笑和尚、金代經幢為最佳。

▌雜技之鄉──吳橋

■吳橋雜技耍飛叉泥塑

　　中國的雜技藝術歷史悠久，源遠流長，是珍貴的文化遺產。中國的雜技之鄉有許多，像山東的聊城、江蘇的鹽城、河南的濮陽、河北的吳橋、肅寧、霸州等，而就在海內外的影響而言，最著名的要數吳橋了。

　　吳橋當地人們把雜技叫做「耍玩意兒」，民間流傳有這樣的順口溜：

　　上至九十九，下至才會走，吳橋耍玩意兒，人人有一手。

　　吳橋雜技歷史悠久。在吳橋縣小馬廠村出土的距今約一千五百年前南北朝東魏時期的古墓壁畫上，就描繪著倒立、

肚頂、轉碟、馬術等雜技表演形象。但是，滄州吳橋雜技在全國享有盛譽則在元代以後。

在這之前，河南的雜技比較有影響，元王朝建立後，首都由河南開封遷至北京，河北滄州吳橋雜技開始繁榮起來。

至明永樂年間和明萬曆年間，吳橋雜技活動進入繁盛時期，主要證據為，在寧津、吳橋二縣交界處，雜技藝人集中又交通方便的黃鎮形成雜技行業的廟會，即黃鎮九月廟會。這是一個雜技藝術和雜技相關動物道具等用品及雜技人員交流的廟會，規模之大，時間之長，範圍之廣都是前所未有。

黃鎮雜技廟會延續約五百年。

明朝中期，吳橋雜技逐漸形成兩個流派：一派以北牟鄉為中心，稱為「東派」，後來該派逐步蔓延到寧津、南皮等縣；一派以倉上鄉、范屯鄉為基地，稱為「西派」。

後來西派實力強大，流傳到吳橋全縣。在西派當中，又分成許多門類，而以「劉家門」、「齊家門」、「陶家門」最為著名。

劉家門在明中期形成，擅長武功和馬術，該門傳統節目，除以武功為主外，還有扦子、三股子、頂功和刀門子。到了清咸豐年間，該派掌門人劉永貴創設馬術，最突出的節目是「關公劈刀」。他把戲劇藝術吸收到雜技表演中來，使雜技藝術更加豐富多彩。

齊家門在明末形成，該門的獨特藝術是「興活」、「悶子」和「刺清子」。後來又創建了「氣功」功夫，有獨到之處。

特色之鄉：文化之鄉與文化內涵

大放異彩 工藝之鄉

陶家門創建於清初，該門主要技藝為古彩戲法和「撈活」，也就是幻術和魔術的前身。

最初各門界限分明，各樹一幟；到了清末，各門互相學習，取長補短，也就逐漸融為一體。

清末，吳橋雜技藝人開始大批地走出國門。由於在更大更廣闊的範圍內活動，給了吳橋雜技一個極大的發展機會，吳橋產生一大批的名人名班，代表當時中國雜技的水準，並對世界雜技產生正面影響。

吳橋雜技節目包羅萬象，尤其是在民間，雜技又細分為簽子活、粒子活、掛子活三種。

簽子活包括：形體表演類節目，集傳統的體育、體操、武術、舞蹈、雜技之大成，如《爬竿》、《鑽桶》、《滾杯》、《飛桿》等；

平衡技巧類節目，如《高台訂車》、《車技》、《走鋼絲》、《高車踢碗》等，一些節目兼而有形體表演和平衡技巧，如《椅子頂》、《排椅》；

耍弄表演類節目，也是吳橋最古老的節目種類，如《抖空竹》、《轉碟》、《舞流星》、《十樣雜耍》等；

高空表演類節目，如《走玄繩》、《空中悠繩》、《蹦床飛人》、《高空鋼絲》等；

口技仿聲類節目，演員多用口發出的聲響，形象模擬動物、禽鳥的鳴叫以及生產、生活中發出的各種聲音。

粒子活，舊時稱「幻術」，按法門形式上分有手彩門，即手彩，如《仙人摘豆》等；

彩法門，也就是門子活，根據道具的不同，又區分為彩壺式、彩瓶式、彩扇式、彩匣式、彩巾式、彩碗式、彩杯式、彩箱式等。

掛子活是指在把式場上表演武術功夫，以自身功夫吸引人潮賺錢。

在兩千多年的變遷過程中，吳橋雜技文化不斷豐富發展，形成獨特的表演、道具、管理以及傳承等方面的規則，構成完整的行業文化體系，受到雜技界的推崇，素有「十方雜技九籍吳橋」、「沒有吳橋人不成雜技班」之說。

閱讀連結

傳說在黃帝時期，黃帝帶兵在古冀州一帶與蚩尤大戰，黃帝派了一個傳令兵去傳令。傳令兵遇風雪迷失了方向，沒有完成使命，便遠走高飛，在逃生路上表演自身技藝，以此吸引人們來觀看再行乞討。黃帝因派去的傳令兵沒回來，就派人去抓傳令兵。派出去的人抓不著傳令兵，也慢慢走上了以表演來乞討的道路。

表演乞討的人從打拳、翻跟鬥開始，最後成了一種專門的技能。因賣藝之時都是餓著肚子的，所以後來藝人們進行練功和賣藝時，師父都要求空腹，據說就是從這兒來的。

▎刺繡之鄉──蘇州

■蘇繡冬景戲嬰圖

　　蘇州坐落於長江三角洲的地理中心，太湖之濱，長江南
岸的入海口處。自古以來，蘇州以精湛的傳統織繡工藝聞名
於世，被譽為「刺繡之鄉」。

　　蘇繡藝術以其精美絕倫的工藝載譽於世，成為中國名貴
刺繡藝術品中最有影響的流派之一，與湖南的湘繡、四川的
蜀繡和廣東的粵繡並稱為中國的「四大名繡」。

　　早在中國戰國時期，江蘇吳縣的木瀆、光福以及東渚一
帶的民間就有了刺繡工藝。從吳縣唯亭鎮北草鞋山遺址出土
的三塊古老手工織成的葛布殘片來看，吳地在距今五千年前
就具備產生刺繡的條件。

在蘇州虎丘塔、瑞光塔發現的蘇繡經袱，繡工純熟，古樸大方，據考證為五代至北宋初的繡品。可知當時已有技術要求很高的鋪針、接針等針法，蘇繡在宋代已進入成熟階段。

據《宋平江城坊考》，蘇州城內有一條「繡線巷」，集中了多家作坊為刺繡業製造絲線。宋代蘇繡藝術中出現了一種「髮繡」，也稱「墨繡」，即以人的頭髮代替絲線來刺繡。這種技藝主要用以繡佛像。髮繡藝術長於「白描」，往往線條流瀉，樸素高雅，洗練灑脫，別具一格。明代中後期的蘇繡藝術受到文人畫的影響，更加提高了藝術品位。一大批具有繪畫基礎的女刺繡家，如馬湘蘭、顧媚、薛素素、董小宛、徐燦等，或精於繡佛像、人物，或擅長花卉、蟲鳥，在刺繡藝術中融入濃厚的文人畫風味。

其中最突出的還要數嘉靖間崛起於上海的露香園顧繡，以及顧繡中的傑出代表韓希孟。露香園主人顧名世的次孫媳，她的丈夫顧壽潛師承董其昌。董其昌書畫兼擅，一時號稱江南翰墨丹青盟主。

董其昌曾在韓希孟刺繡作品上題跋，尤為讚賞韓繡殫精運巧，數年心力繡制的臨摹宋元名蹟冊頁八幅。韓希孟從董其昌的畫中悟出蘇繡技藝，將畫技繡藝熔為一爐，取得極高的成就，對後世蘇繡產生深遠的影響。

清代蘇繡，進入全盛時期。朝廷設蘇州織造衙門，督造與差派錦、緞、刺繡等物品，以滿足皇室生活和官紳商賈的要求，刺激了蘇繡藝術的繁榮。至清代末期，繡莊數量迅速發展，無論藝術繡品還是民間刺繡，都取得前所未有的發展。

特色之鄉：文化之鄉與文化內涵

大放異彩 工藝之鄉

　　清代蘇繡藝術品種繁多，名家輩出，流派紛呈。「畫繡」中的名手，有以髮繡見長的錢蕙善，《女紅傳征略》評其作品為「不減龍眠白描」。崑山趙慧君，吳江楊柳君，吳縣曹墨琴等也都是各有專擅的蘇繡名手，她們的作品往往有名人的邊款和題跋。

　　在這眾多閨閣名媛繡家中，華亭丁佩在刺繡之餘，還著有一本《繡譜》，詳細論述蘇繡藝術的技巧方法、工藝特點以及藝術價值等。

　　隨著西方文化滲透進中國文化的各個領域，蘇繡也吸取西方藝術中的一些營養。於是，清代末期出現了一些敢於探索、銳意創新的蘇繡名家，如沈雲芝、華瑾、李佩黼等。其中影響最大的是沈雲芝，她不僅是一位傑出的蘇繡藝術家，也是一位蘇繡工藝理論家和教育家。

　　沈雲芝融西畫肖神仿真的特點於刺繡之中，新創了「仿真繡」。一九○四年，慈禧七十歲壽辰，沈雲藝繡了佛像等八幅作品祝壽。慈禧大加讚賞，書寫「壽」、「福」兩字，分賜給沈雲芝和她的丈夫余覺。從此沈雲芝改名「沈壽」。

　　此後不久，沈雲芝的作品《義大利皇后愛麗娜像》，曾作為國家禮品贈送給義大利，轟動了義國朝野；《耶穌像》在一九一五年於美國舉辦的「巴拿馬——太平洋國際博覽會」獲一等大獎。

　　在沈壽的倡導下，江蘇的蘇州、南通、丹陽、無錫、常熟等地分別舉辦了刺繡傳習所、繡工科、繡工會等。她曾先後到蘇州、北京、天津、南通等地授徒傳藝，培養一代新人。

在當時，著名藝人還有華基、唐義真、李佩黻、蔡群秀、張應秀、金靜芬等，她們的作品先後在「義大利都靈萬國博覽會」、「巴拿馬——太平洋國際博覽會」、「比利時萬國博覽會」上獲獎，為中國傳統工藝在國際上贏得榮譽。

蘇繡主要品種，從大面向來劃分，有畫繡和蘇繡日用品兩大類。日用品中，從生活小用品到室內用品，幾乎無所不包；蘇繡欣賞品更是數不勝數。

從材料方面來分，主要有絲繡、髮繡等。

如從藝術性質來分，則有畫繡、仿真繡、精微繡等。

此外，蘇州緙絲以生絲為經，彩色熟絲為緯，被稱為「刻絲」，也能製成畫繡般的作品，別有異趣，可以看作是蘇繡的姊妹藝術。

蘇繡的主要藝術特點是圖案工整娟秀，色彩清新高雅，針法豐富，雅豔相宜，繡工精巧細膩絕倫。

就蘇繡的針法而言，極其豐富而變化無窮，共有九大類四十三種，主要有齊針、搶針、套針、施針、亂針、滾針、切針、平金等。採用不同的針法可以生產不同的線條組織和獨特的蘇繡藝術表現效果。

例如，運用施針、滾針繡的珍禽異獸，毛絲頌順，活靈活現，栩栩如生；採用散套針繡的花卉，活色生香，香味撲鼻，盡態盡妍；使用亂針繡的人像和風景，絨條組織多變，裝飾味濃，藝術效果強，富有濃郁的民間、民族特色。

使用打點繡的繡品，則清靜淡雅，極富詩情畫意；運用打子繡的繡品，則具有古色古香、淳樸渾厚的藝術效果與技巧上的平、齊、細、密、和、光、勻、順的特色。

蘇繡融審美意趣和實用功能以及精湛的手工技藝於一體，其濃郁的吳文化意蘊和精巧絕倫的特技手法，足以令人讚嘆不止。

閱讀連結

蘇繡主要的傳世名作有：《北宋蘇繡經袱》、《義大利王后愛麗娜像》、《拿破崙像》、《雙面髮繡寒山寺》、《明萬曆皇后百子衣複製品》、《蘇繡姑蘇繁華圖》、《英國女王肖像繡》等。

其中的《明萬曆皇后百子衣複製品》，是蘇繡藝人在考證、分析、測繪分解出土文物基礎上精心仿製的。它的意義在於探索蘇繡藝術歷史上的工藝水準，同時也是對文化保護與開發的一大貢獻。據專家鑒定，此複製品繡作幾可亂真，填補刺繡工藝恢復古代文物原貌的空白。

絲綢之鄉——南充

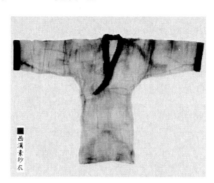

■西漢素紗衣

南充位於四川盆地東北，嘉陵江中游，古為蠶叢之地，周屬巴國，秦屬巴郡，唐置果州、蓬州、閬州，宋置順慶府、保寧府。

南充地形以丘陵為主，屬副熱帶季風氣候，光、熱、水資源豐富，土壤自然肥力較好，具有發展蠶絲生產的得天獨厚的自然條件，自古以來具有蠶絲原料資源、加工能力、技術力量、名特產品等優勢，是中國著名的「絲綢之鄉」，在國際上也享有盛譽。

南充絲綢起源於遠古。中國最早的地方志《華陽國志》記載南充絲綢最早的歷史：

禹會諸侯於會稽，執玉帛者萬國，巴、蜀往焉。

即大禹在會稽召集各方諸侯，包括巴國和蜀國在內的不少諸侯帶去了玉石和絲綢。

特色之鄉：文化之鄉與文化內涵

大放異彩 工藝之鄉

據語文工具書《辭源》中記載：「巴者，古國名，位於重慶市及四川省東部一帶地方。」南充屬於當時的巴國，南充轄區內的閬中市就是曾經的巴國國都。

《南充市志》、《南充蠶絲志》對南充絲綢的發展做了更為詳盡的敘述。周初，南充、西充、南部、閬中等地，桑、蠶、麻、紵已成為獻周王朝的貢品。

秦漢時期，各縣令皆勸課農桑，絲綢業一躍成為南充社會經濟的一大支柱。廣安等縣從漢章帝時起，就實行以布帛為租，是歷代用絲綢為田賦的開始。「巴蜀人文勝地，秦漢絲錦名邦」，則真實反映這個時期南充的社會現狀。

南北朝及隋代時，南充各縣實行均田制，除男授八十畝、女授二十畝露田外，每人另給二十畝永業田作桑田。蠶絲之月，女皆事蠶。這種桑田，實際是家庭桑園的雛形，對於穩定發展蠶桑生產起正面效果。

在南充絲綢發展歷史上，唐宋的六百五十多年間是鼎盛時期。杜甫「桑麻深雨露，燕雀伴生成」和賈島「蠶月繅絲路，農時碌磟村」的名句，正反映當時南充蠶絲景狀。

唐開元中，南充已經成為全國重要的綾絹產地，絲綢的產量和品質均已稱冠全國，有綢、綾、綿、絹、絲等十多種產品被定為朝廷常貢，人稱「勝蘇杭品質之優，享天寶物華之譽」，並由長安輸往日本，名揚中外。

到了元代，忽必烈的「國以農桑為本」政策，對於南充絲綢的發展產生正面影響，但因戰亂紛繁，南充絲綢業趨於停滯和衰敗。

到了明代，政府規定耕地五畝以上必植桑麻一畝，違者交絹一匹，刺激蠶桑生產。閬中、蒼溪等地所產的水絲，精細光潤，暢銷吳、越、閩等地。可見，當時南充的絲綢也恢復成一定水準。

清入主中原後，官府也注重絲綢發展，閬中、蓬州等地均勸課農桑，西充等縣還明令穀雨之後差不下鄉，停徵停訟，以不誤蠶時。「田中清水盈盈，陌上新桑扶疏；農夫揮鞭叱牛，村姑攀枝採桑。」在南充這塊土地上，到處呈現出栽桑養蠶的繁忙景象。

此外，浙江湖州、江蘇蘇州、浙江杭州素有「絲綢之府」之稱。湖州絲綢歷史悠久，距今已有四千七百多年歷史。自遠古以來，盛名不衰。湖州絲綢以其精美絕倫遠銷全國、世界，享有「衣被天下」之美譽。

在湖州南郊錢山漾曾出土一批絲線、絲帶和沒有碳化的絹片，經考古測定，確定絲線、絲帶、絹的年代為距今四千七百多年前的良渚文化早期，這是世界上發現並已確定的最早的絲綢織物成品。它的發現使湖州絲綢的歷史前推四千七百年，成為世界絲綢最老的壽星。

元代湖州籍著名書畫家趙孟頫在《吳興賦》中有「平陸則有桑麻如雲，鬱鬱紛紛」，明時的詩人在詠湖詩中有「桑柔四郊綠」，兩者形象、生動地概括春天湖州眼野桑林遍地，綠葉疊翠的景觀，點染出湖州蠶桑種植園的經濟特色，和蠶鄉的特異風光。

特色之鄉：文化之鄉與文化內涵

大放異彩 工藝之鄉

　　杭州常年生產綢、緞、棉、紡、縐、綾、羅等十四類，兩百多個細項，兩千多種花色，圖景新穎，富麗華貴，花卉層次分明，人物栩栩如生。

　　早在兩千多年前，蘇州地區就有植桑、養蠶，以及繅絲、搗棉的生產活動。明清時代，蘇州的絲綢已經名揚海外，蘇緞與雲錦、杭羅被列為中國東南地區的三大名產。

　　歷史上蘇州的絲綢產品一直綿延不絕，從春秋時期的吳縞，到三國兩晉時的吳綾；從隋唐時期的八蠶絲、緋綾到宋錦、緙絲；宋、元、明、清時期設置官府織造局，產品更是名目繁多，主要有漳緞、織金、閃緞、妝花緞、摹本緞、天鵝絨、高麗紗、花素累緞等。

閱讀連結

　　杭州絲綢，要先從一個書法家說起。書法家名叫褚遂良，因為唐高宗封他為河南郡公，所以世稱褚河南。褚遂良是初唐四大書法家之一，同時也是唐太宗最信任的朝臣之一，不過因為反對武則天掌朝，最後被貶。當時褚家後代都被流放到邊遠地區，而褚遂良的第九代孫褚載，從揚州遷到杭州。八九七年，褚載進士及第。

　　杭州的老百姓傳說，就是褚載從揚州遷到杭州的時候，他把揚州的絲綢技術帶來了，從此杭州絲綢業才得以長足進步。因此，杭州絲綢行業的人，把褚載當作他們的祖師爺來供奉。

剪紙之鄉──蔚縣

　　蔚縣古稱蔚州，為「燕雲十六州」之一，遠在新石器時期就有了人類活動的蹤跡。泥河灣地層、莊案、三關等遺址記錄這裡的人類最早的生息活動。綿延幾千年的文明發展，造就蔚縣深邃的文化內涵。蔚縣被稱為「中國剪紙之鄉」。

　　據史書記載，蔚縣剪紙始於清道光年間。蔚縣人一般把剪紙稱為「窗花」。以窗花見長，「天皮亮」可說是最早的窗花形式，即在雲母薄片上繪圖著色進行裝飾。

　　早期當地民間還盛行供花鞋、荷包、枕頭上刺繡用的「花樣」。後融入天津楊柳青年畫和武強年畫的藝術特色，形成獨有的風格。在形成的初期，主要是用剪刀剪。後來，慢慢發展到用刀刻，但仍然叫做剪紙。

　　經過長時間的實踐，蔚縣剪紙由簡單日趨複雜，由粗糙逐漸走向精細。蔚縣剪紙的特點，主要集中在「三分刀工七分染」上。它的工藝流程別具一格。

　　第一步是熏樣，即把原紙樣或設計的草圖，貼在一張白紙上，點燃蠟燭進行煙燻，使其在紙上留下一個清晰「黑樣」。後來的人們改採用曬圖的方法處理這道工藝。

　　第二步是悶，就是將刻窗花用的宣紙剪成將要刻制的畫幅大小，因為剪紙層數一般是三十層至五十層為宜，所以要用水淋濕，用手壓緊，使之形成一個整體，以待刻制。

　　第三步是刻制。蔚縣由剪紙剪刀換成刻刀，其優點不僅在於生產的數量多，更重要的是，刻刀能更好地發揮藝人的

特色之鄉：文化之鄉與文化內涵

大放異彩 工藝之鄉

藝術思想，刻起來隨心所欲，花樣創新。在藝人的手上，刻刀靈活得像筆一樣。刻刀有單刀、三角刀、圓口刀之分。刻制時以陰刻為主，兼有陽刻或陰陽結合的方法，使得作品玲瓏剔透，層次分明。

第四步是著色，藝人們的行話叫點染。點染所用的顏色要事先用酒調和，因為剪紙的原料是宣紙，用酒調色可以使色彩浸潤而不滲透，色彩效果極佳。濃淺濃淡烘托、渲染得當，富有強烈的透明感和立體感。

蔚縣剪紙種類有戲曲人物、鳥蟲魚獸，還有對農村現實生活的描繪等。這些作品構圖飽滿，造型生動璀璨，色彩渾厚細膩，纖巧裡顯純樸，貼在紙窗上，透過戶外陽光的照射，分外玲瓏剔透，顯得特別的鮮靈活脫，具有一種明朗、清新的情趣。

蔚縣剪紙題材廣泛，寓意深長，生活氣息濃郁。無論是反映人們對吉祥幸福的祈盼，還是來源於勞動人民喜聞樂見的歷史故事；無論是北方特有的文化背景和民俗風情的再現，還是用於四時節令、婚壽禮儀等慶典，都表現出民間藝人高超的智慧和豐富的想像力。

蔚縣剪紙風格嚴謹，形神兼備。它具有獨特的六個特色：

一、構圖時上下均衡，左右對稱，給人以豐滿勻稱的美感；

二、刻制時以陰刻為主，陽刻為輔。陰刻見色彩，陽刻見刀功，素以刀工精細，色彩濃豔馳名；

三、染色時將點染、塗染、暈染、套染、渲染等技法有機地結合運用，富有鮮明的地方特色，給人以和諧大方的鄉土氣息感；

四、在人物造型上著意刻畫，務求傳神妙處，給人以生動優美感，包括其他動植物的造型；

五、採用象徵民間吉祥喜慶的「年年有餘」、「歲歲平安」等圖案，給人以吉祥如意、幸福美滿感；

六、在陰刻為主剪紙藝術中，以實用上不遮光的穿透明亮，給人以活靈活現立體感。

此外，陝西靖邊縣、福建漳浦和內蒙古和林格爾也是著名的「中國剪紙之鄉」。

靖邊剪紙內容豐富，題材廣泛。

傳統題材有家禽、家畜、野生動物、植物，農家朝夕相處的馬牛羊豬雞兔狗駱駝等。因為「雞」和「吉」諧音，剪隻大公雞，象徵全年吉利如意。

花鳥類剪紙的種類與典故、隱喻多變。「石榴賽牡丹」延伸自靖邊「石榴賽牡丹，兩家都喜歡」的民諺，說的是新郎新娘結成一對美滿姻緣，雙方家裡都滿意，「石榴與佛手」則有「石榴賽佛手，兒孫滿堂無憂愁」的說法。「鴛鴦探蓮」、「鴛鴦戲水」寓意男女青年互相追求，「鳳凰戲牡丹」代表美滿姻緣，「鹿鶴同春」則象徵福壽齊至等。

「下山虎」、「雄獅」均為闢邪除惡之意，還有風趣幽默的「猴抽菸」、「猴抬驕」、「猴打鞦韆」、「猴吃桃」等。

大放異彩 工藝之鄉

　　傳統題材以人物為主的有戲曲人物「李彥貴賣水」、「蘇武牧羊」，民間故事有「八尊神仙」、「劉海撒金錢」、「張果老騎毛驢」，還有表現風俗民情的「餵雞」、「回娘家」、「紡線線」、「拉駱駝」等，「雞鴿娃娃」剪的是大公雞，很調皮，把娃娃啄得哇哇大哭，生活情趣十分濃郁。

　　漳浦剪紙以構圖豐滿均勻、對稱平衡、線條連貫簡練、連接自然、細膩雅緻著稱。在表現手法上以陽剪為主、陰剪為輔，陽剪和陰剪互為補充，密切配合，使整個畫面主次分明，錯落有致，富有層次感。

　　在色彩上以單色為主，在對比色中尋求協調，具有強烈的工藝裝飾效果。

　　和林格爾縣北依陰山、西臨黃河，傳統民間藝術多姿多彩，具有深厚而濃郁的歷史文化、鮮明的民族風格和本土特色，剪紙藝術便是最具體的代表。

　　和林格爾縣的民間剪紙內容十分豐富，整體反映人民對美好生活的追求和理想情感的抒發。他們在剪紙藝術中大量塑造對生活有重要作用且感情深厚的馬、牛、羊、駱駝、豬、雞、鵝、兔等動物，還有許多具有象徵意義的作品，例如祈盼風調雨順的年年有魚、鹿鶴同春，象徵吉祥的雲紋哈木爾，象徵團結和長壽的盤腸紋，寓意四季如意、生命輪迴的萬字圖門賀；有表達男女愛情和自由的金魚、喜上梅梢、雙鳥，對人類生命繁衍讚美的石榴、葡萄、蛇、龍鳳、鷹抓兔，還有佑護家人平安的獅子、老虎、公雞等。

有些內容則是反映人們自由自在的農耕和放牧場景，如《牧羊圖》、《蒙人進城》等，生動真切，泥土氣息濃厚；有些剪紙的表現則很可能蘊含原始民族圖騰、遠古神話變異的神祕莫測的含義，如《蛟龍食魚》、《人騎龍》、《雞蟾御蛇》等。

另外，有些內容也是人們喜聞樂見的民間故事和傳說，如《牛郎織女》、《李祥哭瓜》、《瀏海戲蟾》、《走西口》等。

此外，還出現不少反映現實生活，並具有強烈時代特色的新剪紙，大多都是生活富裕的人們對美好現實生活的讚美，如《草豐畜壯》、《逛北京》、《草原雄鷹》、《甜夢》等作品。

他們用最為純樸、真摯的情感來抒發自己的審美理想，或質樸、或深沉、或粗獷、或浪漫，展示他們極為豐富的內心世界和積極的人生態度。

閱讀連結

王老賞是河北省蔚縣南張莊村人，生於一八九○年，是中國著名的民間藝術師，也是蔚縣剪紙藝術開宗立派的人物。

王老賞從七八歲開始學習點染窗花，十二、三歲學習刀刻窗花，十七、八歲時正式拜本村剪紙藝人周瑤為師學剪窗花。由於心靈手勤、虛心善思，王老賞很快成為各項技藝全面發展的頂尖高手，並刻苦探索改革當時被老鄉稱為「口袋戲」、「五大色」的窗花技藝。蔚縣城的商家字號用窗花當禮品送人時，都搶著買王老賞的窗花，日子久了就開始有「王老賞的貨——不愁賣」的歇後語。

▌風箏之鄉——濰坊

■清明時節放風箏

風箏，古時稱為「鷂」，北方謂「鳶」，是一種傳統的民間工藝品。中國的風箏和火箭是世界上最早的飛行器，其中風箏被譽為「中國的第五大發明」。

風箏源於春秋時代，相傳有「墨子為木鷂，三年而成，飛一日而敗」。後來，墨翟把製造木鷂的方法傳給他的學生公輸班，公輸班又加以改進，用竹為材料製成「竹鵲」，能在空中飛三日之久。

中國具有悠久的歷史傳統文化與風箏工藝相融合，將神話故事、花鳥瑞獸、吉祥寓意等表現在風箏上，像「福壽雙全」、「龍鳳呈祥」、「百蝶鬧春」、「鯉魚躍龍門」、「麻姑獻壽」等，都是具有很深象徵寓意的造型。

風箏從古代發明以後，種類日益增多，花樣不斷創新，形成一套別具特色的彩繪圖案紋樣，成為中國傳統工藝美術的一部分。

傳統的中國風箏技藝包括「扎、糊、繪、放」四種技藝。「扎」，即要達到對稱，左右積相當；「糊」，即要保證全體平整，乾淨俐落；「繪」，即要做到遠眺清楚，近看真實的效果；「放」，即要依據風力調整提線角度。

依照風箏的地域分佈，可以把風箏分為五大流派：北京風箏、濰坊風箏、天津風箏、南通風箏、江南風箏。

其中，山東的濰坊、廣東的陽江被譽為「中國風箏之鄉」。

濰坊位於山東半島中部，北近渤海灣，南臨黃海，春天風多雨少，且風向單一，瞬時波動小，風力基本呈正態分佈。正是這樣特殊的地理環境孕育出濰坊風箏，其生產製作集中在寒亭區楊家埠一帶和奎文區、濰城區。

濰坊風箏已有兩千多年的歷史，但真正開始興盛卻是在明初的楊家埠村。那時的村民已有木版年畫的刻印技術，利用每年春天的空餘時間，用印年畫的紙張、顏料，繪製出各種圖案，製作風箏。

明代濰坊風箏以板子風箏為主，後逐步形成以硬翅風箏為主、以長串蜈蚣為最，最長可達三百六十公尺，軟翅風箏為巧、筒子風箏為奇的造型系列，內容有人物故事、鳥獸、魚蟲等。

到清代中期，濰坊開始出現專門從事風箏製作的民間藝人。據《濰縣誌稿》載：

本邑每逢寒食，東門外，沙灘上……板橋橫亙，河水初泮，桃李葩吐，楊柳煙含，凌空紙鳶，高入雲端……清明，

特色之鄉：文化之鄉與文化內涵

大放異彩　工藝之鄉

小兒女作紙鳶、鞦韆之戲，紙鳶其制不一，於鶴、燕、蝶、蟬各類外，兼作種種人物，無不唯妙唯肖，奇巧百出。

　　曾做過七年濰縣縣令的大詩人兼書畫家鄭板橋曾寫過這樣的詩來懷念濰縣：

　　　　紙花如雪滿天飛，嬌女鞦韆打四圍。

　　　　五色羅裙風擺動，好將蝴蝶鬥春歸。

　　濰坊風箏的題材豐富，選用材料奇特，設計誇張多樣，畫工為國畫技法和年畫風格，放飛有力學根據，構成濰坊風箏的鄉土氣息和獨特神韻，從而聞名於古今中外。

　　濰坊風箏在漫長的發展過程中，形成鮮明的藝術特色。濰坊風箏的題材和內容帶有濃厚的民俗特色，飛禽走獸、花鳥蟲魚、民間故事、神話傳說等都被移植到風箏的繪製上，或扎骨架填繪內容、或依據內容改制骨架，如此反覆製成，不斷改進，日臻完善，使內容和形式達到完美。

　　濰坊風箏的造型，不重自然形似，而求以形寫神，講究圖案美，立體感強，例如大鷹除了脊背以外，其他地方都是立體的，特別是它的頭部最為形象。民間藝人在設計鷹風箏時，不僅考慮到放飛時的空中效果，還考慮到掛在室內作為觀賞藝術品時的立體效果。如鳳凰、仙鶴、螳螂、蝴蝶等同樣都是用這種工藝製作而成，形象十分逼真。

　　濰坊風箏的色彩，有著突出的地方特色，基於歷史的因素形成兩類，一是色彩淡雅的文人畫風格，二是色彩豔麗的民間傳統繪畫風格。前者為自近代以來形成的風箏繪畫流派，

繪製上獨具特色，觀賞價值極高，後者則以龍頭蜈蚣風箏為其代表作。

濰坊風箏的色彩和繪畫技法主要受楊家埠木版年畫的影響，構圖布局重大色塊濃抹，產生熱烈明快的藝術氛圍。這種獨特的繪畫放飛於空中，形象特別逼真，具有特殊的空間觀賞效果。

陽江風箏是江南風箏的一個分支，可與山東的濰坊風箏匹敵，南北遙相呼應，成為中國南北風箏實力最為強大、最有可比性的兩個流派，也因此在國內風箏領域上，常會聽到「南有陽江，北有濰坊」這句話。

陽江風箏已有一千四百多年的歷史。陽江背山面海，曠野遼闊，到處都是天然的放飛場。每逢重陽節，秋高氣爽，正是「放鷂」的最佳時節，放風箏便成為陽江民間最興盛的賽事。

陽江風箏製作技藝高超，其風箏最顯著特點是純手工製作，技藝古樸精湛，以造型美觀、形神兼備、色彩鮮豔、放飛容易、平穩高遠而深受喜愛。

另外，陽江風箏種類繁多，種類齊全、內容豐富、造型千姿百態，題材以花、鳥、蟲、魚、獸等動物以及神話、故事、戲曲、小品中的人物形象為主，繪畫風格以寫意中國畫為主，展現傳統文化的精髓。

陽江風箏最具代表性的作品有靈芝、百足、崖鷹等。如「靈芝」風箏，它以其獨特的製作方法和設計與有聲有勢的放飛效果，成為名副其實的「風箏」。這種風箏呈橢圓形，

頂上是一片白雲，下面是一隻活蹦活現的小鹿，口含一靈芝草在不停跑動，而在風箏的頂端有一根塗上油的薄藤片，被接在弓架上張開，在空中迎風「嗡嗡」作響，方圓數公里都能聽到它的鳴叫聲。

又如「百足」風箏，又稱龍風箏，因其製作工藝獨特，放飛效果栩栩如生、活靈活現，還能做特技表演，被譽為「陽江活龍」，而其他地方則稱「定龍」，此作品在中國也是別具一格的。

閱讀連結

南通板鷂風箏在南方風箏中也是很有特色的。南通板鷂風箏又稱「哨口板鷂」，源於北宋年間。

板鷂風箏融合外表造型、配色繪畫、音律設計、「哨口」雕刻於一體，其形狀有正方形、長方形、六角形和八角形，並以六角板鷂為多，也有由多個這樣的幾何圖形組合而成的「七聯星」、「九聯星」、「十九聯星」等。大者丈餘，小者盈尺。裝飾圖案多為工筆重彩，內容有「八仙」、「鳳戲牡丹」、「三國故事」等，喜用紅、黑、青、紫色，以造成強烈的色彩對比。

名滿天下 文化之鄉

　　在中國傳統文化中，安徽歙縣的徽墨和歙縣的歙硯、安徽涇縣的宣紙、浙江善璉的湖筆、蘇州桃花塢的年畫、安徽蕭縣的書畫和河南南陽的曲藝，精彩絕倫，聞名遐邇，所在地被譽為「中國民間文化藝術之鄉」。

　　中國自古以農業立國，這些文化之鄉的產生源自於農業勞作，具有鮮明的農耕文明內涵。「文化之鄉」反映該地區人們獨具特色的風土人情、傳統習俗、行為規範、思維方式、價值觀念等，是那裡的人們普遍認可的意識形態和生活方式。

歙硯徽墨之鄉──歙縣

■徽墨百佛圖

歙縣，位於安徽省南部，北倚黃山，東鄰杭州，南接千島湖。歙縣古稱新安，始置於秦。一一二一年於北宋徽宗時期賜名徽州。自隋末以來，歙縣均為郡、州、府治所在地，為徽州的政治、經濟、文化中心，也是文化的發源地。

歙縣歷史悠久，人文薈萃，文化昌盛，素有「東南鄒魯」、「文化之邦」的美譽。歙縣物產豐富，其中最有名的當屬歙硯、徽墨，被授予「中國徽墨之都」、「中國歙硯之鄉」等榮譽稱號。

歙硯因產於歙州而得名，為中國四大名硯之一，是硯史上與端硯齊名的珍品。

歙硯始於唐開元年間。據五代陶谷《情異錄》記載，唐玄宗賜給宰相張文蔚等人的「龍鱗月硯」，就是歙州產的一種較為名貴的金星硯。

　　由於歙硯石色青瑩，紋理縝密，堅潤如玉，磨墨無聲，深得南唐元宗李璟的喜愛，故在歙州設置了硯務，並把硯工高手李少微招為硯務官，專理制硯事宜。南唐後主李煜稱澄心堂紙、龍尾棗心硯為天下之冠，使歙硯聲名遠播。

　　五代末期，江南地方戰亂，硯坑淹沒，制硯業日趨衰落。宋代，歙硯獲得很大發展，歙石開採規模擴大，歙硯精品不斷湧現，名色之多、雕鏤之工，為諸硯之冠。

　　一九五三年歙縣宋代窯藏出土十七塊歙硯，石質與造型各異，製作巧妙，展現歙石精美絕倫的面貌。據硯譜記載，宋時歙石名目有眉子紋七種，外山羅紋十三種，水玄金文厥狀十種，各種紋色燦然爛漫。誠如宋代書法家蔡君漠所讚：

　　玉質純蒼理致精，鋒芒都盡墨無聲。

　　相如聞道還持去，肯要秦人十五城。

　　詩中將歙硯與卞和玉相媲美，認為歙石價值連城。元代以後，歙石開採時斷時續，但成硯依然大量湧現，成為明清宮廷和士紳之家賞鑒流連的珍品。

　　歙硯的製作以雕刻藝術為中心，由選石、構思、定型、圖案設計、雕刻、打磨、配製硯盒等多道工序構成，按石材紋理分為羅紋、眉紋、金星、金暈、魚子五大類一百多個項目。

硯雕分徽、粵、蘇三大流派，而歙硯所屬的徽派素以精細見長，所雕瓜果、魚龍、殿閣、人物，無不神態入微。歙硯的雕琢，有濃厚的地方風格。一般以浮雕淺刻為主，不採用立體的鏤空雕，但由於受到磚雕的影響，偶爾也會出現深刀雕刻。

歙硯利用深刀所琢的殿閣、人物等，手法比較細膩，層次較為分明，而硯池的開挖也能做到相互呼應，因而顯得十分協調。宋代米芾之硯史裡說：「歙石以羅紋無星者為上」，可清代唐秉鈞之古硯考卻說「以金星為貴」，以金星硯磨墨作書畫，不易被蟲蛀、發霉。

徽墨誕生在唐代末年，鼻祖是河北易水名墨工奚超父子。安史之亂後，奚超攜全家離開家鄉，流落到皖南山區的歙縣。這裡群山環抱，古柏參天，到處是制墨的上乘原料，於是奚氏全家就在黃山祥符寺附近安居下來，重操舊業。

他們廣取黃山之松煉煙，盡汲練江水和墨，並改進了搗松、和膠、配料等技術，終於製成上等的佳墨，深受南唐後主李煜的賞識，賜國姓「李」於奚氏全家，封奚超為「水部員外郎」，其子廷珪為「墨務官」。

從此，李廷珪成為徽墨的創始人、一代宗師。歙縣制墨業由此名噪全國，李墨也成為「黃金易得，李墨難求」之天下之寶了。

李廷珪所制的墨，「其堅如玉，其紋如犀」。據記載，北宋書法家、文字學家徐鉉，幼時曾得一錠李墨，與其弟徐

錯共同研磨習字，「日寫五千」，也整整用了十年。據《遁齋閒覽》記載：

祥符中，治昭應宮，用廷珪墨為染飾，有貴族嘗誤遺一丸於池中。踰年臨池飲，又墜一金器，乃令善水者取之，並得墨，光色不變，表裡如新。

李墨除了配料精良，在製作時是利用重捶打砸實，故其墨耐磨耐用，能裁紙。可見，李墨之質地確實有異於常墨。

到了宋代，全國各地書院林立，科舉考試制度進一步得到完善，印刷術突飛猛進，出現一次文化高峰，尤其是宋室南渡後，徽州制墨業發展迅速。當時徽州地區，制墨業已步入「家傳戶習」的繁榮普及階段，僅官府每年就要向朝廷進貢「大龍鳳墨千斤」，而要滿足文人墨客、莘莘學子的用墨則要逾萬。

西元一一二一年，北宋宣和年間改歙州為徽州時，「徽墨」之名便正式誕生，後來迅速風靡南宋都城臨安，「徽墨」遂成為墨的代名詞，代代相傳，延續至今。

宋代徽州的制墨業「流派紛呈，名工輩出」。黟縣的張遇、歙州的潘谷、新安的吳滋等等，都是當時徽州制墨業的著名人物。

元代制墨業遠不如宋代，徽墨業也處於低谷。元代墨工中，比較著名的有朱萬初、陶得和、潘雲谷等人。

徽墨業到了明代才恢復發展。明代以南京為陪都，徽州屬「京畿」，經濟、文化教育得以成長，尤其是科舉考試走

向鼎盛後，使徽墨業的生產不僅恢復榮光，而且還有迅速的進步。

據明末麻三衡的《墨志》記載，明代徽州墨工就有一百二十多位名家，產品除供應國內，還遠銷日本、東南亞。

明代徽墨的配方及製作工藝，大多已固定並且公開。松煙、油煙並舉；「桐油煙」、「漆煙」被廣泛採用；徽墨普遍加入麝香、冰片、金箔等十幾種貴重原料，使墨的質地達到一個新的水準。

在明代的徽墨大家中，當數歙縣的程大約，世稱「墨妖」。他既講究墨的配方，又注重墨印的雕刻以及墨品的設計、裝潢，並有《程氏墨苑》行世。其弟程君芳也制墨，是明萬曆間的高手。其墨印大多出自徽派著名刻工黃璘、黃應泰之手，因而備受文人墨客的喜愛。

徽墨發展到清代，先後出現了「四大家」，即曹素功、汪近聖、汪節庵、胡開文，他們都是徽墨業中的一代翹楚。

曹素功，一六五五年秀才，一六六七年開始頂承吳叔大的鋪子，並將吳的「玄粟齋」改為「藝粟齋」。相傳清康熙帝南巡時，曹素功獻的佳墨頗得賞識，康熙特賜「紫玉光」，一時名聲大震，紫玉光成了曹墨的第一品牌。

汪近聖以制集錦墨著稱，「其雕鏤之工，裝式之巧，無不備美」，更以他的次子汪唯高應詔入清內務府教習制墨而名聲大震。

汪節庵，墨肆名「函璞齋」，設在岩寺。清乾隆中期嶄露頭角，為清乾隆、嘉慶年間徽州制墨業的名家。

汪節庵墨品常被一些高官大吏選作貢品，有「江南大吏，
多獻方物。入選之墨，必用汪氏」之說。其名墨有「蘭陵氏
書畫墨」、「新安大好山水」、「青麟髓」等。

　　胡開文，字柱臣，號在豐，著名徽商，徽墨行家，「胡
開文」墨業創始人，清代乾隆時制墨名手。

　　胡開文先於休寧、屯溪兩處開設「胡開文墨店」，後來
迅猛發展，又先後在歙縣、揚州、杭州、上海、漢口、長沙、
九江、安慶、南京等地，或設分店，或開新店，其經營範圍
幾覆蓋大江南北，至此徽州制墨業呈胡開文一枝獨秀之勢。
後代均沿用此老字號。

　　胡開文不僅是徽墨業中集大成的一家，同時也是把徽墨
推向世界的第一家。

閱讀連結

　　明代正德、嘉靖年間，徽墨便形成了歙、休、婺三大派。
歙派產品端莊儒雅，煙細膠清，重香料、重包裝，其代表人
物為羅小華、程君房等 .；休派的產品則雅俗共賞，墨品華麗
精緻，多套墨、叢墨，墨面重彩飾，深受文人墨客的喜愛，
其代表人物為汪中山、邵格之等；婺派所制墨品價格低廉，
深受百姓與學子的歡迎。其代表人物主要為詹姓墨工，其中
有詹華山、詹文生等。

　　三大派在明代正德、嘉靖年間，各以自己優勢，分攤墨
業市場份額，各得其所，共同發展並壟斷全國的墨業市場。

▍宣紙之鄉──涇縣

■硃砂和宣紙

　　涇縣位於安徽省東南，自古素有「漢家舊縣，江左名邦」、「山川清淑，秀甲江南」之譽，古志稱「當吳越之交會，為歙池之襟喉」。據《後漢書 · 明帝紀》：「有涇水，出蕪湖，因水立名。」涇縣，有「中國宣紙之鄉」和「宣紙發源地」的美譽。

　　涇縣宣紙的聞名始於唐代，對宣紙的記載最早見於《歷代名畫記》、《新唐書》等。唐書畫評論家張彥遠所著之《歷代名畫記》云：

　　好事家宜置宣紙百幅，用法蠟之，以備摹寫。

　　這說明唐代已把宣紙用於書畫了。另據《舊唐書》記載，唐代天寶年間，江西、四川、皖南、浙東都產紙進貢，而宣城郡紙尤為精美。可見，宣紙在當時已冠於各地。

南唐後主李煜曾親自監製「澄心堂」紙，為宣紙中的珍品，它「膚如卵膜，堅潔如玉，細薄光潤，冠於一時」。

到了宋代，徽州、池州、宣州等地的造紙業逐漸轉移集中於涇縣。當時這些地區均屬宣州府管轄，所以生產的紙被稱為「宣紙」，也有人稱涇縣紙。

關於涇縣宣紙的起源，還有一個傳說故事。相傳，東漢造紙家蔡倫去世後，他的弟子孔丹在皖南以造紙為業，很想造出一種世上最好的紙，為師傅畫像修譜，以表懷念之情。

有一天，孔丹經過一峽谷溪邊，看見一棵古老的青檀樹倒在溪邊。由於終年日曬水洗，樹皮已腐爛變白，露出一縷縷修長潔淨的纖維。

孔丹欣喜若狂，將樹皮取出來造紙，經過反覆試驗，終於造出一種質地絕妙的紙出來，這便是後來有名的宣紙。宣紙中有一種名叫「四尺丹」的，就是為了紀念孔丹，一直流傳至今。

在宋代，由於文化傳播媒介的發展，宣紙需求大增，宣州各地所產宣紙供不應求。宋末元初，有曹姓人遷徙至涇縣西鄉小嶺一帶以製造宣紙為生。此史實見於清乾隆年間重修的《小嶺曹氏族譜》序言：

宋末爭攘之際，烽煙四起，避亂忙忙。曹氏鐘公八世孫曹大三，由虬川遷涇，來到小嶺，分徙十三宅，見此系山陬，田地稀少，無可耕種，因貽蔡倫術為業，以為生計。

自此，涇縣小嶺曹氏一族，逐漸發展成宣紙工業中的佼佼者，並且一度壟斷宣紙的生產經營。

特色之鄉：文化之鄉與文化內涵

名滿天下 文化之鄉

　　元代建立後，南北統一，經濟文化有所發展，尤其是以倪元林、王蒙、吳鎮、黃子文等山水畫派衝破傳統宮廷畫法的桎梏，提倡山水寫意和潑墨豪放的技法，宣紙為此畫法提供廣闊發揮和想像的空間。宣紙作為畫家們發揮的基本工具而被重視起來，大大地刺激了宣紙業的發展，加上宣紙製造工藝的日趨成熟，使宣紙生產有了綿長的進步。

　　清代涇縣宣紙生產發展迅速，縣東漕溪有汪六吉等大戶，生產頗具規模；縣西小嶺曹氏世家，生產日益繁榮。大約在十八世紀後期，涇縣宣紙在國際展覽中獲獎並傳入歐美各國，深引人們注目，曾一度成為聯繫各民族友誼的文化紐帶。

　　宣紙具有「韌而能潤、光而不滑、潔白稠密、紋理純淨、搓折無損、潤墨性強」等特點，並有獨特的滲透、潤滑性能。寫字則骨神兼備，作畫則神采飛揚，成為最能展現中國藝術風格的書畫紙。

　　宣紙耐老化、不變色。少蟲蛀，壽命長，故有「紙中之王、千年壽紙」的譽稱。按紙面洇墨程度，分為生宣、半熟宣、熟宣三種。

　　生宣吸水性和沁水性都強，易產生豐富的墨韻變化，以之行潑墨法、積墨法，能收水暈墨、達到水走墨留的效果。寫意山水多用它。

　　生宣作畫追求的便是這種「多變」的墨趣，落筆即定，水墨滲沁迅速，非熟練者不易掌握，也正是這種神奇的多變性，吸引了自古至今無數的名人巨匠在追求墨韻、變化的方面付諸了不懈的探索，至今未間斷。

熟宣是加工時用明礬等塗過，故紙質較生宣為硬，吸水能力弱，因此使用時墨和色不會溫散開來，使得熟宣宜於繪工筆畫而非水墨寫意畫。其缺點是久藏會出現「漏礬」或脆裂。

熟宣可再加工，珊瑚、雲母籤、冷金、灑金、蠟生金花羅紋、桃紅虎皮等皆為由熟宣再加工的花色紙。

半熟宣是從生宣加工而成，吸水能力界乎生宣與熟宣之間，「玉版宣」即屬此一類。

此外，宣紙還可按原料分類，分為棉料、淨皮、特三大類。一般來說，原材料檀皮成分越重，紙張更能經受拉力，品質也越好。使用上，檀皮比例越高的紙越能呈現豐富的墨跡層次和更好的潤墨效果，越能經受筆力反覆搓揉而紙面不會破。

閱讀連結

宣紙的選料和其原產地涇縣的地理環境有十分密切的關係。因青檀樹是當地主要的樹種之一，故青檀樹皮便成了宣紙的主要原料。

初期所用原料並無稻草，後在皮料加工過程中，以稻草填襯堆腳，發現其亦能成為潔白的紙漿，以後稻草亦成了宣紙的主要原料之一。宋、元之後，原料中又添加了楮、桑、竹、麻，以後擴大到十幾種。經過浸泡、灰掩、蒸煮、漂白、制漿、水撈、加膠、貼洪等十八道程序，歷經一年方可製成。

▍湖筆之鄉──善璉

■作畫用的宣紙和毛筆

　　善璉古鎮，地處浙北烏鎮、南潯、新市三大水鄉古鎮的交界處，素有「湖筆之鄉」之盛譽。「文房四寶」，筆居首位。中國的毛筆是舉世無雙的書寫工具。湖筆，因「毛穎之技甲天下」、「紫毫之價如金貴」，而被譽為「筆中之冠」。

　　善璉湖筆的歷史相當久遠，據說最早可以追溯到兩千多年前的秦代，傳說中秦代的大將軍蒙恬是中國製筆業的始祖。

　　相傳，秦初年間，善璉還是一個小村落，村裡有遠近聞名的永欣寺，寺中主持和尚法名善真。一天，匆匆進來了一位中年漢子，此人身材高大，眉宇間透出一股英武的氣概。他向善真作揖道：「法師，我能否在廟中住宿幾天？」

　　法師見此人生得氣宇不凡，回答說：「壯士想借宿廟中，哪有不肯之理。」

　　那人連連拜謝，一聲長嘆後說：「我叫蒙恬，原在朝中率軍，皇上命我到江南收買古玩。我從京都出發，沿途看到

許多地方遭受災害，因此將皇上給我收買古玩的銀兩分給受災百姓，現銀兩都已分光，古玩一件沒有買到，無法再回咸陽去見秦始皇，因此只得來此投宿幾天再作計較。」就這樣，蒙恬就改換姓名住在永欣寺中。

有一天，蒙恬來到村西，意外看見河埠一位姑娘因洗衣掉入河中，他立即跳下水去將姑娘救起。姑娘本是村西一個姓卜的漆匠的獨生女兒，叫卜香蓮。

香蓮父母見女兒落水被救，對蒙恬感激不盡；為了報答蒙恬的救命之恩，卜家時常做些酒菜送給蒙恬，蒙恬總是婉言謝絕。

香蓮心靈手巧，經常來寺中將蒙恬的衣服取回家中漿洗縫補，就這樣，二人漸生愛慕之情。

一次，蒙恬去卜香蓮家取衣，路上看見一撮山羊毛在一根樹枝上隨風飄起，便順手折下，心想：我在朝中查閱兵書，記載軍情，沒有稱心如意的筆，何不將山羊毛用來制筆，平時亦可寫詩作文。

蒙恬來到香蓮家，向香蓮要了一根絲線，把山羊毛紮在枝條上，用手將羊毛捋齊，用水蘸調了些鍋灰，在白帛上寫了幾個字。感到比用刀刻輕鬆，但寫起來力不從心，羊毛上沾有油質，很難落墨。

蒙恬寫後順手將它擱在窗臺上，不料由於用力過大，此筆卻滾落到窗外去了。香蓮忙趕出去拾，筆已落在石灰缸內。

香蓮拾起後，見山羊毛卷在一起，上面沾滿石灰水，她趕緊放到清水內漂洗乾淨，又拔下髮髻上的銅簪將毛理順弄

特色之鄉：文化之鄉與文化內涵
名滿天下 文化之鄉

直，拿進屋內蘸了些鍋灰水來寫，不想既流暢又順手。蒙恬這才悟出了羊毛經過石灰水浸過能洗去油質的道理。

湖州盛產毛竹和山羊，蒙恬和卜香蓮將筆桿的原料改成竹竿，筆毛從山兔毛擴大到山羊毛等，還將毛筆頭納入竹管中。

經過他倆冬去春來地反覆實踐，整理出一套選料和製作技藝。蒙恬早有為民造福的夙願，便和香蓮一起將制筆技藝傳授給村民。

從此以後，當地筆業越來越興旺，做出來的筆不僅尖、齊、圓、健，而且鋒穎清澈，珠圓玉潤，書寫剛柔相濟，應手從心。人們將環繞小鎮的河改為「蒙溪」，還以「蒙筆生花」、「恬文抒懷」、「蒙氏羊毫」、「香水」、「香塊」命為筆名，後一直沿用。

漢、晉、隋、唐、宋各代，湖筆業已較發達。至元代，以長鋒羊毫為特色的湖筆成為中國製造筆業的魁首。

明代的《湖州府志》曾有這樣的記載：

湖州出名筆，工遍海內，制筆者皆湖人，其地名善璉村。

明清時期，湖州是全國的制筆中心，一代一代的制筆高手，不僅將湖筆的製作工藝水準提升到一個前所未有的高度，同時也使得江南的文化層次跟著提高。據嘉湖方志記載，在清初時期，善璉的住戶已達千戶至數千戶之多，商賈雲集、店鋪林立，十分繁榮。

湖筆又稱「湖穎」，「穎」是指筆頭一段整齊透明的鋒穎。湖筆分羊毫、紫毫、狼毫、兼毫四類，共兩百八十多種。製作工藝精細而複雜，從選料到成品，要經過一百二十多道工序，大致上分為水盆工和旱作工兩部分。

做水盆工、筆工們各守在一個水盆旁，把千萬根毛放入水中，精練細理，再按筆頭鋒穎長短加以分類，這便是「齊毫」。之後從中剔除斷頭的、無鋒的、曲而不直的、扁而不圓的雜毛，再按毛的軟硬性能進行筆頭「造型」，做成半成品；旱作工要經過扎頭、裝筆、擇筆、刻字等工序，最後製成成品。

其擇筆是難度較大的一項工藝，筆工左手握筆，右手拿一小刀修削筆頭，修去筆頭中的劣毛和表層的雜毛，使筆和鋒穎圓潤，達到湖筆尖、齊、固、健的要求。

閱讀連結

歷史上對於蒙恬造筆的說法有些記載，如《太平御覽》引《博物誌》曰：「蒙恬造筆。」

即使出土的文物已證明，毛筆遠在蒙恬造筆之前很久就有了，但其作為毛筆製作工藝的改良者，功亦不可沒。

唐代韓愈《毛穎傳》以筆擬人，其中也提到蒙恬伐中山，俘捉毛穎，秦始皇寵之，封毛穎為「管城子」。後世又以「毛穎」、「管城子」為筆的代稱。除此之外，毛筆的別名還有「毛錐子」、「中書君」、「龍鬚友」、「尖頭奴」等。

▋年畫之鄉──桃花塢

■桃花塢年畫

　　桃花塢位於蘇州閶門內北城下，自古以來，該地不但是蘇州城中一個風景秀麗的好地方，還是名動天下的「年畫之鄉」。

　　明清時期，隨著蘇州經濟的發展，閶門一帶集中許多手工藝作坊，以年畫鋪為最多。在此出品的木版年畫，使桃花塢名聞天下。

　　木刻年畫是中國特有的一種民間傳統藝術，而蘇州桃花塢木刻年畫與天津楊柳青木刻年畫，是中國木刻年畫的南北兩大中心，素有「南桃北楊」之稱。

　　木刻畫始見於中國隋唐時佛經的扉頁之中，自宋及清，由於戲曲雜劇和繡像小說的蓬勃發展，作為插圖的木刻畫和雕版技術更見發展。木刻年畫作為中國民間文化的載體，貼近人民生活，反映百姓的喜怒哀樂，因此，歷史悠久，為人民所喜愛，並得於廣泛流傳。

桃花塢年畫源於宋代的雕版印刷工藝，由繡像圖演變而來，到明代發展成為民間藝術流派，形成獨特的風格。

明末清初是蘇州桃花塢木版年畫的繁盛時期，當時桃花塢的畫鋪有四五十家，大部分設在楓橋、山塘街、虎丘和閶門內桃花塢至報恩寺塔一帶。

當時出產的桃花塢木版年畫達百萬張以上，除銷至江蘇各地及浙江、安徽、江西、湖北、山東、河南和東北三省外，還隨著商船遠銷到南洋等地，並對日本浮世繪藝術的發展產生相當大的影響。

桃花塢木版年畫盛於清代雍正、乾隆年間，最繁盛時期有張星聚、張文聚、魏宏泰、呂雲林、陸福順、陸嘉順、墨香齋、張在、泰源、張臨、季祥吉等畫鋪，稍後出現的王榮興、陳同盛、陳同興、吳錦增、吳太元、鴻雲閣等畫鋪在當時也有不小的影響。

鴉片戰爭以後，帝國主義侵入中國，膠版、銅版和石印等印刷技術有了發展，所謂「月份牌」派的年畫傾銷城鄉，桃花塢年畫大受威脅，盛況開始衰落。

清代光緒初年，一些畫師轉到上海舊校場工作，蘇州年畫鋪僅靠上代傳下來的老版片或翻刻上海舊校場畫來應市，甚至代銷石印洋畫，可門神、灶君之類年畫竟成了主要商品。蘇州桃花塢年畫當時已瀕於人亡藝絕的境地，新中國成立後得以迅速恢復，迎來新的春天。

桃花塢木刻品種很多，大致可分為門畫、農事畫、兒童、美女畫、裝飾圖案畫、歷史故事畫和神州傳說畫等，其中神

仙佛像等宗教類年畫，內容有門神、灶神，以及所謂「闢邪人物」。

含有致富獲利內容的年畫有《一團和氣》、《娃娃得利》、《瀏海戲金蟾》、《歲朝圖》等。

有關農事的有《春牛圖》、《豐收圖》、《魚樵耕讀》、《大慶豐收》等。

山水風景年畫有各地風景，如《姑蘇萬年橋》、《蘇州閶門圖》等。

清雍正後出現的故事戲文年畫，範圍很廣，有單張有連續，如《武松打虎》、《花果山》等。

風俗畫有《玄妙觀廟會》、《蘇州城內外三百六十行圖》等。

早期的桃花塢年畫風格較為雅緻，在處理仕女、什景、花卉等題材時，多採用傳統的立軸和冊頁的構圖形成，在畫面的處理上，可以看出宋代院體畫、明代界畫和文人畫的影響。

在清代雍正、乾隆年間，還出現不少模仿西洋銅版雕刻風格的作品，如《蘇州萬年橋》、《陶朱致富圖》、《西湖十景》、《山塘普濟橋》、《三百六十行》、《百子圖》、《三美人圖》等。有的還在畫面上題明「法泰西筆法」、「仿泰西筆法」、「仿泰西筆意」。

這一類的作品在畫面上，多採用焦點透視，除人物面部外，衣紋、樹石、房屋、動物的羽毛等均用明暗來表現，顯得栩栩如生。

　　至乾隆以後，這樣的作品已不多見，取而代之仍是以傳統技法表現的作品。與早期的作品相比，畫面構圖簡練大方，線條剛勁有力，色彩也開始鮮明起來，如《五子登科》、《莊子傳》、《珍珠塔》、《蕩湖船》、《拜月圖》等，從這些畫面上，可以看出早期金陵派刻版風格和新安派刻版風格的影響。

　　色彩的運用上，以成塊的大紅、桃紅、黃、綠、紫和淡墨組成基本色調，使畫面更為鮮豔明快，豐滿熱鬧，富有裝飾美和節奏感。

　　桃花塢木版年畫製作一般分為畫稿、刻版、印刷、裝裱和開相五道工序，其中刻版工序又分上樣、刻版、敲底和修改四部分。

　　其主要工具為「拳刀」，同時以彎鑿、扁鑿、韭菜邊、針鑿、修根鑿、扦鑿、水鉢、鐵尺、小棕帚等工具配合使用。套色印刷也有一套作業流程，主要包括看版、沖色配膠、選紙上料、模版、扦紙、印刷、夾水等步驟。

　　桃花塢年畫是江南水鄉的特產，圖文並茂，具有連環畫故事風格。採用木版套印，長期以來一直運用簡單的手工方式從事生產，色彩包含紅黃綠黑藍五種顏色。

在無數雕版和印刷工人的精心製作下，蘇州年畫色彩絢麗奪目、構圖精巧、形象鮮明、主次分明、富於裝飾性，形成具有獨特風格、嚴密工整的民族藝術。

此外，天津楊柳青年畫、山東濰坊楊家埠年畫、四川綿竹年畫、河北武強年畫、河南開封朱仙鎮年畫、陝西鳳翔木板年畫、四川梁平木板年畫、福建漳州木版年畫、廣州佛山年畫、山東高密補灰年畫等都極富有特色。

閱讀連結

過去，年畫除了在畫鋪和雜貨店銷售外，有許多是經由攤販銷售的。而透過說唱來吸引群眾，講敘年畫的內容，促進年畫的銷售，則是賣畫人的看家本領。

說唱的曲調和唱詞各有祖傳，唱腔不盡相同，內容亦不類似，但照例都有這樣一段開場白：「我格物事難得到，我格物事頂細巧；九個九也勿連牽，個個要賣老白鈿。」等買畫的群眾圍上來了，便接著唱出年畫的內容。生動有趣的說唱表演，給人們留下深刻的印象，同時也有助於年畫的銷售。

書畫之鄉——蕭縣

■墨筆山水國畫

　　蕭縣位於安徽省最北部，蘇、魯、豫、皖四省交界處。蕭縣縣城，東有龍河，西有岱河，蜿蜒南羨；左有龍山，右有虎山，背靠鳳山，三山拱衛，氣勢雄壯。前人寄寓祥瑞，因山水之勢，將縣城取名為龍城。

　　蕭縣古為蕭國。春秋時附庸於宋，秦置蕭縣，屬泗水郡，後改泗水郡為沛郡。北宋天寶年間改為承高，隋開皇初年改為龍城、臨沛，隋大業年間初復為蕭縣。唐、宋、元、明均屬徐州，清屬江蘇省徐州府，後由江蘇省劃歸安徽省。

　　蕭縣，迄今已有三千多年的歷史，是中國著名的「書畫藝術之鄉」，據史料記載，蕭縣「城形爭南北諸朝，風氣兼東西兩楚」。這裡自秦漢時起就是貫通東西南北經濟和文化的交流之地，是漢文化的重要發源地之一，素有「文獻之邦」的美譽。

　　從四、五千年前的良渚文化開始，蕭縣書畫就已孕育雛形。經過考古發掘證明，蕭縣自戰國時期就有書跡繪事。據

名滿天下 文化之鄉

清朝同治年間《蕭縣誌》記載：出生於蕭縣綏輿山的南朝宋國開國皇帝劉裕，精通翰墨，其子孫也多以書畫名世。在他之後，蕭縣民間習書作畫蔚然成風。

劉裕先為東晉王朝大將軍，南征北討，屢立戰功，西元四二〇年建立宋政權。稱帝後，劉裕接受前代的教訓，注重輕徭薄賦、減輕農民負擔，因而緩和了階層矛盾，促進生產力的發展。在其執政的三十多年，國內呈現少有的政治安定、經濟繁榮，自然也為執政者和文人提供從事文化藝術創作的環境。

劉裕雖然天資聰穎，可是經年戎馬生涯，使他無暇潛心攻讀，乃至名聲顯赫，仍是只能粗通文字，對於書畫藝術更屬門外漢。即位之後，劉裕接受僚屬諫勸，認為武功僅可稱雄一時，而文采卻可光耀百代，因而篤志研習書法。

劉裕特別喜愛寫大字，每張紙僅可容六七字。年深日久，勤練不輟，藝業銳進，作書雄健遒麗，氣勢軒昂，竟摘當時書壇的桂冠。

劉裕的第三子文帝劉義隆，自幼受其薰陶，熱愛書法並善於隸書、行草，師承「二王」。其所書之間架結構，氣勢韻味，不讓「二王」，時人稱其書藝成就和高超造詣為「若大鵬之擊空，九天之鶴唳」。

劉裕之孫明帝劉彧，雄才大略，辭采華茂，善於行書，汪洋恣肆，氣魄恢宏。他既能上溯師承先賢，博采眾家之長，又不拘泥於已有藩籬，獨創自家風格，惜乎未能貫徹始終，以致成就受到限制。

由於宋武帝劉裕如此愛好書法，且卓有成就，影響所及，一班文臣武將、縉紳賢達，直至故土的墨客士子，也都競相傚尤，極一時之盛。

劉宋之時，除了書法藝術得以繁榮昌盛之外，繪畫藝術也有所成長。當時，這塊地區土生土長的著名畫家有戴逵、戴勃、戴顒等人，他們一反晉代士大夫那種生活放蕩、漠視現實、脫離群眾、自命清高的風習，力主創作態度嚴肅認真，反映現實。

有諺語曰：「宋繪聞天下。」這是對「宋繪」的崇高評價。「宋繪」不僅豐富中國書畫藝術的寶庫，對蕭縣書畫藝術的推動也有著不可磨滅的影響。

明末，蕭縣出現兩位著名書畫家。一位是王之麟，他自幼穎悟過人，精通經史，風骨佼佼，善鼓琴，工辭賦，書畫皆臻上乘，常將供書畫用的絹素敷張於住所內外壁上，興致來時，濡筆揮毫，每有佳作。另一位是許輝祖，他善楷書，深得顏魯公筆意，深厚凝重，端莊大方；方圓左近的學子，不少受業於他，影響頗大。

清初，在「揚州八怪」崛起的乾隆、嘉慶年間，蕭縣的畫風更是日盛一日，湧現出一批「重傳統、重筆墨、重生活」的水墨寫意新人，他們頻頻相聚於龍城，傚法「揚州八怪」，追逐時代新潮，以強烈的個性闊筆寫意，以潑辣豪放的筆墨寫實。

當時的水墨寫意人才濟濟，出現了吳作樟、吳鳳昭、吳鳳祥、劉雲巢、王為翰等有影響的書畫家數十人。他們藝術

思想一致，技法意境趨同，融合南疆北國，形成新的流派，因活動中心在蕭縣縣治龍城，被稱為「龍城畫派」，在徐淮地區享有盛名。

清代末年，在新文化思潮的影響下，蕭縣書畫創作步入一個新的轉折。這時，不僅出現了優秀的書畫家群體，使得龍城畫派的陣容更加壯大，而且書畫作為精神財富，逐漸地由富家豪紳的廳堂和士大夫文人的書齋，過渡到與平民百姓所共享。

蕭縣書畫，它的創造者特別注重植根於深厚的生活基礎。重生活，是蕭縣書畫的主要特色。許多作品雖然涉及梅、蘭、竹、菊和古典詩詞等傳統題材，但是更多的是再現豐富多彩的生活，給予人們以美的享受。

他們利用畫面反映農村見聞，例如生機勃勃的玉米、絲瓜、辣椒、荷花、葡萄，千姿百態的花鳥、雛雞、鵝等。其他如家中苗圃、庭院風光等也都被畫成畫幅，寫成中堂，陶冶人們的情操，豐富人們的精神生活，讓人們受到啟迪、教育和鼓舞。

蕭縣書畫，不僅在普及的基礎上逐步得到提高，並且獲得了「國畫之鄉」的美譽，蜚聲於海內外。

閱讀連結

吳作樟，字文潔，號雲鄉，蕭縣城西古尚村人。自幼攻習書畫，陶冶百家，富有開拓精神。他曾經客居從弟吳作哲的杭州府署，巧遇揚州書畫巨擘鄭板橋。鄭板橋為試其書畫才幹，故作高傲，激其書興。吳作樟於醉後作擘窠大字，氣

派非凡，鄭板橋深為嘆服。後來，他又在金陵為兩廟宇書下「大雄寶殿」和「金陵佛寺」兩副匾額，字徑蘊尺，莊嚴肅穆，觀者無不叫絕。

　　清乾隆皇帝巡視江南，路經徐州，遍訪當地書法名家。偶見吳作樟所書一筆「虎」和一筆「壽」字，極為賞識，評之為「蒼、壯、勁、圓」。

曲藝之鄉——南陽

■宛梆《黃鶴樓》劇照

　　南陽，位於中國東端的大型盆地「南陽盆地」中，頭枕伏牛，足蹬江漢，東依桐柏，西扼秦嶺。歷史上，南陽是古「絲綢之路」的源頭之一，漢代時，南陽是全國最大冶鐵中心，東漢時期曾作為陪都。

　　「科聖」張衡、「商聖」范蠡、「智聖」諸葛亮、「謀聖」姜子牙等歷史名人多是出自或發跡於這裡；因此此地又是東漢光武帝劉秀發跡之所，故又有「南都」、「帝鄉」之稱。

特色之鄉：文化之鄉與文化內涵

名滿天下 文化之鄉

　　南陽曲藝形式多樣，素有「書山曲海」、「曲藝之鄉」之稱，大調曲子、三弦書、鼓詞、槐書、鑼鼓曲、善書、故事植根深遠；河南墜子、評書廣為流傳；另有漁鼓、蛤蟆嗡、蓮花落以及相聲、山東快書、竹板書等形式。各曲種曲書共計約三千部或篇。

　　宛梆是生長並流行在南陽的地方戲，最早稱為南陽調、老梆子、南陽梆子，形成於明末，完臻於清代，有三百多年的歷史。因南陽簡稱為宛，後改名為「宛梆」。

　　宛梆曲調豐富，唱腔激昂，其聲腔高亢豪放，男聲用大本嗓，給人以粗獷、豪邁、奔放、明朗的感覺，女聲唱腔則以高八度嘔音花腔為多數，清亮委婉，配之主弦發出的「唧唧」聲，猶如鳥鳴，是其聲腔主要特色，堪稱一絕。

　　大調曲子，原稱「鼓子曲」，是南陽地區主要曲種，源於明、清俗曲，初興於開封市，清乾隆年間傳入南陽後，逐漸形成不同於開封鼓子調的曲種。後因河南曲劇俗稱「小調曲子」，鼓子曲改稱「大調曲子」。

　　大調曲子音樂結構為曲牌連綴體。因每一連套形式常以鼓字頭開始，鼓子尾收煞，故名鼓子曲。大調曲子現存曲牌一百六十多種，大致分為常用鼓子雜牌、小昆牌、大牌子和部分非常常用曲牌。此外，還有板頭曲數十首。

　　大調曲子伴奏樂器以三弦為主，古箏、琵琶為輔，手板、八角鼓擊節。專業曲藝團隊出現之後，加入二胡、大提琴、阮等。傳統的演唱形式均為坐唱，後改以站唱，其後又出現了對唱、群唱及帶有表演的彈唱形式。

大調曲子現存曲目近一千三百種。取材十分廣泛，有歷史故事「三國」、「水滸」，有古典名著「紅樓」、「西廂」以及民間傳說《白蛇傳》、《梁祝》等，也有以日常生活為題材的《安安送米》、《李豁子離婚》等，較古老的傳統曲目《王大娘釘缸》、《尼姑思凡》、《目連救母》等。

三弦書，全稱「三弦鉸子書」，又稱「鉸子書」，早期稱「板書」。因用三弦、鉸子伴奏得名。音樂大致分鉸子腔、鼓子腔兩大類。據傳，一七七五年前後，方城、南陽等地已有演唱活動。

清嘉慶、道光年間，以社旗、方城、南陽為中心，流行於除西部山區之外的南陽轄區各地。清末是三弦書的鼎盛時期，藝人足跡遍及河南全省及湖北、山西、陝西、安徽等地，乃至東北、內蒙古部分地區；演唱風格分東路、中路、西路三個流派。

鼓詞，又稱「鼓兒哼」、「鼓兒詞」、「犁鏵大鼓」等。一人演唱，左手擊兩塊銅板，右手擊鼓，唱腔屬板式變化體，旋律性不強，多似說似唱。傳統的曲目內容比較豐富，長篇大書有《包公案》、《十字坡》等五十幾部。

鑼鼓曲因用鑼鼓伴奏得名，又稱「地燈曲」，是用民歌連綴說唱故事的形式。曲調多是流行於當地的民間小調、山歌、田歌、號子。有四六句、哭五更等六十多種。曲目多以勞動生活及愛情故事為內容。如《小寡婦上墳》、《石榴燒火》、《打牙牌》、《吳三保游春》等。

特色之鄉：文化之鄉與文化內涵

名滿天下 文化之鄉

　　槐書於清光緒年間形成於新野縣堰鎮堰村。基本曲調只有四個樂句。其中的「堆子句」是敘事的主要載體。伴奏樂器原只有一個小鑼和一個堂鼓，後增加八角鼓及絲竹樂器，並變單口、雙口為多口演唱，唱腔音樂得以較大豐富。

　　此外，湖北天門、四川岳池也具有「中國曲藝之鄉」的美譽。

　　天門地處鄂中腹地江漢平原，文化底蘊豐厚，藝術表演形式和流派繁多，然而，最具地方特色的還是要數曲藝，有「中國曲藝之鄉」的稱號。

　　天門曲藝種類較多，歷史悠久，富地方特色，其演唱風格和表現手法自成流派，主要曲種有天沔小曲、天門漁鼓、天門歌腔、天門說唱、三棒鼓、蓮花落、道情、碟子小曲、天門善書等。這些曲種大多發源於明清時期，最早的則出現在宋代。其曲藝音樂旋律優美，曲調豐富，演唱不拘一格，表演形式輕快活潑，富於變化，散發出鮮明濃厚的地方特色和鄉土氣息。

　　天沔小曲又名碟子小曲，亦稱「內河小曲」，由漢水流域的天門、沔陽、漢陽、潛江一帶的俚歌俗曲演變而來。

　　天沔小曲流傳於江漢平原，其中尤以天門、仙桃最為流行，故別稱為「天沔小曲」。因天門、沔陽是古雲夢澤腹地，洪水泛濫，每遇水災，百姓外出逃荒，敲碟子、唱小曲便成為人們外出謀生的一種手段。

演唱的形式簡便靈活，不論稻場、街頭、院落、茶樓酒肆均可表演。表演形式可一人敲碟演唱，也可配上絲弦二人或多人演唱。演唱的曲牌多為江漢平原的俚歌俗曲。

天門說唱，亦稱天門鑼鼓說唱，是流行於天門及毗鄰地區的一個曲藝新品種。在演唱形式上，一般為甲乙二人演唱，一男一女或兩男，也可由一人演唱。

二人演唱時，甲站立左邊兼打鼓，書鼓由鼓架支撐；擊鐃，用小京鐃橫置於鼓架左側；敲鑼，鑼掛於鼓架右側；乙站立右邊手持「三星」相配合。三星多用銅鈴、錫鑼、馬鑼由鐵架支撐組成，亦稱為「星得皇」。

表演時，以說為主，以唱為輔，句式結構無嚴格要求，但語言要求用方言土語，並大致押韻，說白、唱詞要形象生動、風趣詼諧、通俗易懂。伴奏一般以嗩吶為主奏樂器，配以二胡、揚琴、琵琶、竹笛等，有的增加大提琴。近來也有加用電聲和銅管樂器的。

天門漁鼓，傳說產生於清嘉慶年間。過去的漁鼓演唱形式主要是沿街賣唱，茶樓座唱和紅白喜事趕酒。有單口唱、對口唱和唱皮影戲三種演唱形式。天門漁鼓是盛行於天門的一種民間曲藝形式。

漁鼓，起源於唐代，俗稱「道情」或「道情筒子腔」。流轉至今的漁鼓曲牌中，即有「道士腔」、「還魂腔」、「觀音調」等。天門漁鼓作為獨立的藝術形式，可溯到乾嘉盛世。天門漁鼓曲目有《武松趕會》、《拷棚案》、《包公案》。

特色之鄉：文化之鄉與文化內涵
名滿天下 文化之鄉

後來天門漁鼓最常見的演唱形式是與皮影配合，為皮影戲伴唱。

　　三棒鼓，也是三根銅錢棍。傳唐時已有，當時叫三杖鼓，由一人頸掛扁鼓，手掄三根小木杖，三杖輪次擊鼓，並以一杖輪流拋擲空中，邊舞邊擊邊唱。唱詞多為三五一七句，即各句字數為五、五、七、五。

　　三棒鼓傳到湖北天門後，融入當地花燈鑼鼓、田歌等，邊舞邊唱，有的甚至融武術、雜耍、魔術於其間，花樣很多，因而流傳很廣，有的還發揚到國外。據《天門縣誌》記載，同治年間，天門藝人陳登洲攜兒帶女靠唱漁鼓，打三棒鼓到了烏克蘭一帶。

閱讀連結

　　岳池，位於四川盆地東部，華鎣山西麓，渠江與嘉陵江匯合處。作為千年魚米之鄉的岳池，自古便有「川東糧倉」之稱，因盛產水稻，享有「銀岳池」之美譽，故別稱「銀城」。岳池文化底蘊深厚，是中國西部地區唯一一個曲藝之鄉。

　　岳池曲藝歷史悠久，千百年來，勤勞聰慧的岳池人民在生活勞作的同時，自編自樂，創作一些群眾喜聞樂見的曲藝節目，如揚琴、竹琴、盤子、清音、古箏彈唱、荷葉、花鼓、車燈、連廂、金錢板、快板、評書、雙簧、諧劇、方言、相聲、口技、蓮花落、三句半、曲劇等。

各有千秋 藝術之鄉

　　中國幅員遼闊，不同的地域環境和文化積累，使得各地有著不同特色的民間藝術，如沛縣的武術、玉屏的簫笛、硤石的燈彩、東陽的木雕、井陘的拉花、安塞的腰鼓、紫陽的民歌等。它們各具特色，在中國藝術百花園裡爭奇鬥妍，大放異彩。

　　中國民間藝術根植於民間沃土，使得內容和種類極為豐富，文化內涵深厚，帶有濃郁的地方特色和民族風格，與民俗活動緊密結合，與生活密切相關。

▌武術之鄉——沛縣

■武術

　　沛縣，位於江蘇徐州西北部，處於蘇、魯、豫、皖四省交界之地，沛縣，古稱「沛澤」，又稱沛國、小沛。自秦漢以來，沛縣素以「漢湯沐邑」、「劉邦故里」、「武術之鄉」而聞名於世，亦有「千古龍飛地，帝王將相鄉」之美譽。

　　沛縣武術歷史悠久，起源於春秋，發展於秦漢，鼎盛於明清。

　　任何習俗都有它的歷史地理根源，武術自然也是如此；徐州扼南制北，沛縣歷來為兵家必爭之地，各朝各代屢有戰事，沛人習武，一為防兵亂，二為強身參戰。

　　歷史上的新生政權多靠刀槍劍戟及武藝高強的將士來維護。兩千年前，漢高祖劉邦「提三尺劍」和他的布衣將相翦秦滅楚，建立漢王朝。西元一九六年劉邦平英布，迂道回沛，悲詠《大風歌》，返回時，亦帶走千餘習武鄉人，此後，沛人習武日眾。

考古工作者在棲山石塘南側地下九公尺處發現一座漢墓，石棺內出土鐵劍兩把，畫像上刻有對槍舞劍及雜技、武術的表演場面，還有許多佩劍扶弓之勢，栩栩如生。可見，當時民間武術已經很流行。

劉邦、周勃、樊噲、王陵等在起兵之前就在此練武。兩千年來，沛人習兵練武，英傑輩出，相沿成習，歷久不衰。據《沛縣誌》記載，沛人「尚武挾意氣」、「民喜佩劍以自衛」。

沛縣原為肥腴之地，地肥田美。窮習文、富練武，練武者眾多，看家護院，行俠仗義，遊走江湖。自黃河奪泗入淮，沛地九次遭洪澇災害，大水過後，出於生計，習武護家，武風日盛。

元明時期，京杭大運河穿境而過，南北漕運出於安全，入境出境皆請沛人護鏢，稱「護鏢」、「短鏢」，高強武藝聲名遠播者方可勝此任。

沛縣武術門派繁多，有趙派大洪拳、三晃膀大洪拳、武當大洪拳、二洪拳、黑虎拳、梅花拳、少林拳、西陽掌、形意拳、八卦掌、太極拳等等。

武當大洪拳是沛縣最有影響的拳門之一，是接近內家拳的一個門派，其關東架、關西架是以陰柔為主的中架拳術。演練時扎實穩慢，發力配合呼吸，以意領氣，以氣催力；手法要求出拳以肩出為主，陽爪多出於腰，陰爪多出於肩，善於擼袖出爪。

　　李派梅花拳屬少林拳派，清末由李振亭傳入沛縣。梅花拳套路結構對稱緊湊，一招一式層層疊疊，動靜分明，快慢相間，剛柔相濟，縱跳翻騰，連打帶拿，招式樸實，變化多端。拳術套路布局多呈「中」字形，器械套路多呈「米」字形，各方位呈對稱狀，攻防意識強，使用價值高。

　　梅花拳對技擊方面的要求是一快、二準、三狠，擊其無備，襲其不意，乘機而襲，乘襲而擊；虛而實之，實而虛之，避實擊虛；靜以待動，動以處靜，不動如山岳，動則如雷電；拳來時撥，順來橫擊，橫來崩壓，右來左接，左來右迎；遠則上手，近便用肘，遠則腿踢，近便加膝；人來伏身，足來提膝；遠躲近要摔，貼身用靠擠。

　　劉派梅花拳是少林拳的一個分支，由劉保軍傳入沛縣。劉派梅花拳套路嚴謹，內容豐富，動作小巧緊湊，節奏鮮明，快慢相間，步法敏捷，進退有序，上下相隨，形神兼備，別具一格。

　　宋氏少林為北派少林，徐派少林屬少林拳門，據說由少林僧人朝陽傳入徐家，經清代中葉徐太清研習而成。宋氏少林注重技擊，立足實踐，其套路短小精悍、嚴密緊湊、變化多端，絕無鬆、懈、空、散、滯之弊；起落進取多為直來直往，可在「臥牛之地」、「方寸之內」施展自己的解數，發揮拳、腳的威力。

　　從技擊角度出發，一招一式一拳一腿，非攻即守，攻中有守，守中寓攻，動作精幹，簡潔洗練，質樸無華。手法要

求曲而不曲，直而不直，具有「肩與胯合、肘與膝合、手與足合」等特點。

西陽掌的特點是以柔克剛，意氣相合，腳踏如棉，進如閃電；多用掌法，大架子較多，動作大開大合；要求慢用力，講究「愚勁」和「拷勁」。馬步一字外展，另一腳前尖點地，雙膝外展，步法以墊步、上三步、擊步較多；手型以爪為主，五指叉開，力達指尖；出手時掌多出於耳門，爪出腮邊。

田派二洪拳為少林拳門一支，清朝末年由河北省清風縣田培祥傳入沛縣。此拳風格特點是小架較多，以柔為主，動作靈活多變，架式多以丁步跨虎、歇步打擂為主。步法多為雞爪蹦、潛步鑔腿、拐手小拿；出手要求拳出虎口掌出腮，打拳撲錘即夾肋。

三晃膀大洪拳由清朝乾隆武師張建在沛縣傳於李興美，從此該拳流傳下來。其特點是六路三晃膀動作整齊，樸實無華，規矩嚴謹，剛勁有力，路線直來直往，套路短，空間小，易於練習，實用價值大。

步型以四種步型為主，馬步為兩腳八而不八，二而不二，丁而不丁，分膝攏襠，挺胸塌腰；單鞭為開胯順弓步；十字步為擰襠後腳跟提起，膝蓋下垂；丁宿步步法以剪步、墊步為主。手法特點是出沒無陣，多晃膀和連環掌，要求一動全身動，講究寸勁和力量。

趙派大洪拳在清朝末年由趙清純從山東引入。其特點瀟灑舒展，動作低沉，靈活多變，剛柔相濟，步法輕穩，有一定的實用價值。

　　形意八卦掌又名陰陽掌，清朝末年由李清合傳入沛縣。其特點是剛柔相濟，嚴密緊湊，行如游龍，手眼相隨，神、氣、意、力合一集中，套路沉實穩定，技擊性強。

　　梁派少林形意拳由梁宗貴傳授少林拳、六角拳、形意拳等，在沛縣形成獨立門派，人稱「梁派少林形意拳」。

　　孫氏太極拳源於孫祿堂，故名「孫氏太極」。其特點為進退相隨，舒展圓活，動作敏捷，套路如行雲流水，綿綿不絕，集形意、八卦、太極為一體，在技擊實用上有很高的價值。

　　沛縣武術帶有濃厚的區域性和兼容性。沛縣武術特色鮮明，大開大合，勇猛彪悍，推撥擒拿，巧中用力，內外兼修，剛中寓柔，柔中寓剛，既適於養生，又利於技擊，講究「踢、打、摔、拿；手、眼、身、法、步；精、神、氣、力、功；動、靜、起、落；站、立、轉、折；輕、重、緩、快」。有內家拳和外家拳之分。內家拳以強筋骨、運氣功、靜以制動。外家拳以調呼吸、練百骸、進退敏捷，剛柔兼濟為主。

　　沛縣武術活動在民間廣為盛行，每逢月下日中，尤其是農閒、節日，在樹林、田頭、場院，練武號子不絕於耳，器械搏擊之聲相聞，男女老少各逞英姿。每年春節，舉行全縣武術比賽，大大促進了沛縣武術運動的發展和提高。

閱讀連結

　　劉邦當了皇帝之後，把父親劉太公接到長安城的未央宮養老，吃穿用度極盡豪華，終日看歌舞伎樂。

但劉太公自幼生活在城市下層，接近凡夫走卒、屠狗殺牛之輩，工作之餘的娛樂活動離不開鬥雞、蹴鞠。

於是，劉邦就下了一道聖旨，在長安城東百里之處，仿照原來沛縣豐邑的規模，造起一座新城，把原來豐邑的居民全部遷住到新城，劉太公和劉溫也遷住到那裡，又開始「鬥雞、蹴鞠為歡」，這才心滿意足。

▌簫笛之鄉——玉屏

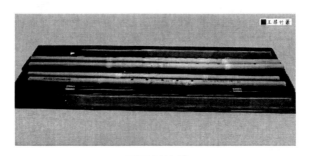

■玉屏竹簫

玉屏位於貴州東部，與湖南接壤，素有「黔東門戶」之稱。玉屏生產簫笛，且被譽為「中國簫笛之鄉」。

玉屏簫笛，是與大方縣的漆器、茅臺酒齊名的「貴州三寶」之一，原名平簫玉笛，是中國著名的兩種竹管樂器。由於它具有歷史悠久，品質優良，工藝精細，音韻清越，美觀大方等特點而譽滿神州，揚名海外。

早在西漢末年，古玉屏所在地就有簫笛流傳。明清時期被列為貢品，深受皇室垂青。有關玉屏簫的記載首見於清乾隆《玉屏縣誌》：

特色之鄉：文化之鄉與文化內涵

各有千秋 藝術之鄉

　　平簫，邑人鄭氏得之異傳，音韻清越。善音者，謂不減鳳笙。

　　「鄭氏」即鄭維藩，明萬曆年間人。「得之異傳」即得之於與鄭維藩同時雲游玉屏的鹿皮翁老道。

　　玉邑鄭氏第六代子孫鄭維藩為明萬曆乙酉科舉人，在中舉做官到任前，曾去鎮遠走親訪友。一天逢集，在街上偶遇一名雲游道人，雙方言語投機，便邀入家中。道士由於一路風寒，剛到玉屏，便染恙臥榻，一病不起。

　　經過鄭氏的精心照料，大約兩個多月，道士病體日漸好轉，病癒後，鄭維藩陪道士同遊平江八景。一日，游經城北玉屏峰，見韓湘子、呂洞賓等「八仙」從東邊天際乘祥雲飄然而至，坐在石蓮峰山上吹拉彈唱，兩人匆匆趕去，只見群仙吹奏樂曲，駕雲而去。

　　二人尋找「八仙」蹤跡，拾到簫一支，是韓湘子的，直到日影西斜，不見仙人歸，只好將神簫帶回家中。次日，他們又到郊西南的飛鳳山漫步，但見滿山生翠，竹影婆娑，玉竿叢立，綠蔭如雲，山腰薄霧若帶絲。

　　道士嘆曰：「此乃仙境矣！」隨即截取兩根水竹而歸，按雅樂十二律排列口音，構成燕樂二十八調，製成了兩支簫，吹奏時，「其聲嗚嗚然，如怨如慕，如泣如訴，餘音裊裊，不絕如縷。」

　　道士把製作簫的技藝傳給鄭家，以謝其三月之久的護理盛情。善弄絲竹的鄭維藩喜出望外，將其視為傳家珍寶。隨後，道士與鄭維藩灑淚而別，起程雲游他方。

翌年，道士游到北京，住在紫禁城旁的一座廟裡。是夜，月明如晝，秋高氣爽，道士心曠神怡，滿腹詩章歌詠，即取出一管在鄭家時製作的簫吹奏良宵仙音，婉轉動聽，飄進皇宮。

明萬曆皇帝聽見幽雅的簫聲，隨口吟道：「此曲只應天上有，人間能得幾回聞？」第二天，便派人打聽，不知所向，只聽說此簫出自平溪衛鄭氏之手。皇帝隨即派欽差大臣到平溪衛查訪屬實後，便命鄭氏年年制簫進貢。於是平簫也稱之為「貢簫」。

此後，鄭家為感謝道士的傳藝之恩，便將其畫像敬俸於神龕，稱之為平簫藝祖。每招徒傳藝，必領徒弟先拜藝祖，再拜業師。

玉屏笛創製於清雍正年間的一七二七年。鄭家在製作簫的基礎上試製成功笛子，以玉屏之玉為名，故稱「玉笛」，與簫配對，合稱「平簫玉笛」。

鄭氏在明代及清初為仕宦之家，不乏衣食，所制平簫只為自娛自樂。後作禮品饋贈親友，地方官吏索求偶有贈送，明清兩代被列為貢品上奉朝廷。

清咸豐年間時，鄭維藩第九代孫鄭芝山，因家境蕭條，生活艱難，同時社會對平簫的需求日增，便開始專制平簫玉笛、設置店鋪，掛出「貴州玉屏鄭芝山祖授仙師祕傳精製雅頌貢簫」招牌營業，產品供不應求，始打破嫡傳規訓，向外招徒傳藝，擴大生產經營。

特色之鄉：文化之鄉與文化內涵

各有千秋 藝術之鄉

　　玉屏簫笛從選料到製作十分講究。它是用當地一種特有的長在陰山溪旁少見陽光的水竹製作的。這種竹節長、肉厚，通根基本一致，只有人的拇指粗細。砍竹的時間很講究，一般是立冬後兩個月為好。因為這時的竹含水和糖分少，做出的簫笛不易開裂和霉變。

　　玉屏簫笛的製作，要經過制坯、雕刻、成品三個流程，七十多道手續。品種由一簫一笛，發展為七簫十二笛一百多個花色品種。

　　玉屏簫笛素以雕刻精美而著稱，一般是在管身外表塗以古銅色彩或淺黃顏色，然後雕刻出細膩而逼真的山水、花草和鳥獸等各種紋飾；有的圖案取材於民間故事、詩詞和典故，如有名的「龍鳳圖」，即是選自《東周列國志》中的「龍鳳呈祥」神話故事。

　　在雕飾藝術的布局上，文字與書畫的整合、色調與紋樣的統一、色彩與詩詞的協調都能使之工藝纖巧，有較高的藝術欣賞和收藏價值。

　　玉屏簫笛中尤以「龍鳳屏簫」最受歡迎。它是雌雄成對的簫管，雄的略粗，雌的稍細。吹奏起來雄簫音渾厚洪亮，雌簫又音色圓潤含蓄而雋永。雌雄合奏，好似一對情侶在合唱，是那樣的協調和諧，娓娓動聽。

閱讀連結

　　相傳春秋時期，秦穆公有個小女兒生來愛玉，秦穆公便給她起名叫「弄玉」。弄玉喜歡品笛弄笙，穆公疼愛她，便命工匠把西域進貢來的玉雕成笙送給她。一晚，弄玉夢見一

位英俊青年，極善吹簫，願同她結為夫妻。秦穆公按女兒夢中所見，派人尋至華山明星崖下，果遇一人，名叫蕭史，遂引至宮中，與弄玉成了親。

一夜，兩人在月下吹簫，引來紫鳳和赤龍。於是蕭史乘龍，弄玉跨鳳，雙雙騰空而去。秦穆公派人追趕，直至華山中峰，也未見人影，便在明星崖下建祠紀念。這就是「龍鳳呈祥」的故事。

▋燈彩之鄉——硤石

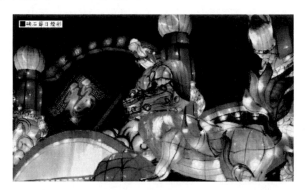

■硤石節日燈彩

硤石，古時曾先後是長水、由拳、嘉興、鹽官等縣的縣城，自唐代永徽年間縣治南遷後，遂以「雙山夾水」改名「硤石」，是浙北諸郡市鎮之最，經濟繁榮，文化昌盛。

自秦漢以來，硤石的人們一直以製作燈彩為樂，無論造型還是樣式，都絕非他鄉的燈品可以媲美。因此，硤石鎮被譽為「中國燈彩之鄉」。

特色之鄉：文化之鄉與文化內涵

各有千秋 藝術之鄉

在唐僖宗乾符年間，硤石燈彩即已譽滿江南。南宋時初年，元宵節放燈已發展到新的高峰，製燈、賽燈、賞燈蔚然成風。

據《武林舊事》和《乾淳歲時記》等記載，當時進京朝貢的燈品，有福州的白玉燈、安徽新安琉璃燈、江蘇南京夾紗燈、常州料絲燈、蘇州羅錦燈、杭州羊皮燈和硤石萬眼羅燈等，真是各具特色，爭奇鬥妍。

燈品中尤以針工細密的「萬眼羅」最奇，南宋詩人范成大《燈市行》中有「疊玉千絲似鬼工，剪羅萬眼人力窮」詩句，點出它比用輕羅、織錦剪裁製成的羅錦燈更加精細、美觀。

清代乾隆年間，硤石形成演燈、順燈、鬥燈的盛況，下東街的「塔燈」、橫港橋的「凌雲閣」、橫頭的「梅亭」等燈會層出不窮。

清末，硤石民間制燈、迎燈盛行，燈彩的製作工藝和造型形態亦有較大突破，出現「龍舟」、「採蓮船」等品種。

硤石燈彩通常分為座燈、提燈和壁燈三大燈種。其中座燈的表現形式最為完備，是主要燈種。提燈包括掛燈，一般尺寸如宮燈大小。壁燈主要是仿古製品，燈體不大，但屏條燈、屏風燈之類的規模就比較大了。

大型抬頭座燈，常高超兩公尺，長形臥龍燈之類蜿蜒數丈。台閣上懸飾的小燈和模擬小花蜂蝶等燈，往往不及寸許，堪稱「迷你」燈。

燈景繪作全都微刻精雕，毫髮不爽。針炙密度平均每平方公分粗者十八孔，細者三十二孔。一座抬頭動輒三、四十萬孔，甚至細密到百萬孔以上。

　　硤石燈彩在廣泛的藝術門類諸如圖畫、詩詞、書法、金石、戲劇、評話、小說、版畫、雕塑、建築、雜耍等等的文化滋養和薰陶下，創造獨特的針炙多面體藝術，自成一套精巧的傳統技法。

　　燈彩藝術的主體部分就是彩燈，它一般以細竹篾為骨，外蒙裝飾，通體各面裱裝精繪，針扎鏤刻，所制景片時有名家題書作畫，在全國各燈藝流派之中，堪稱獨步群芳。如佛山、徽州也有過少量針炙花燈，但只是一些滿天星散針。硤石近鄉如王店、屠甸等處花燈，也曾有仿製，尚不足道。

　　硤石彩燈架好骨架，主題就算大致確定，進而佈置各面景片圖畫，按需要製成大小尺寸相符的景片材料，作為針刻彩繪的基礎。實際上，這也是一種小型的書畫裱背技術的產物。

　　所用的裝裱紙材，通常沒有很講究，平常多用單宣、棉連，但也有採用高貴紙料和綾絹之類的；為了減少裱背工夫，亦有用夾宣、羅紋紙等較厚的紙品。連史紙一般僅用於不透光處。紙料質薄光滑的，宜作飾面，其他高麗紙、金籤、粉籤、臘籤、冷金籤也只宜飾面。

　　紙品選定之後，得按要求排刷染色，一般內層紙染色宜深，表面層則深淺咸宜，視圖稿而定。裡層色深經燈光透視，給人以靜雅之感。所用避免明暗反差過強，以保證畫景色彩

有豐富的層次感。所用染料為國畫傳統色料，有煙墨、硃砂、石綠、石青等。

作為裱制黏合材料的糨糊，也十分講究，以防日後發霉、蟲蛀。一般用澱粉五百克加明礬十克，先用溫水攪拌成「糨糊頭」，然後沖入開水，快速拌勻；用漿棒挑起牽絲，色略黃、半透明的最佳。

此外，還有鍋熬法和吹蒸氣法等。糨糊熟後，用容器浸在冷水中，冬季一兩天換水；夏季每日換一兩次清涼水，並多放些明礬，可保存半月不壞。

裱背成的紙片散掛陰涼處，放乾後即可將圖稿蒙上，決定畫面哪部分用針炙，哪部分用刀刻，至關重要。所以要求設計人員既懂針炙工藝，又精熟繪畫技巧。

完稿之後，用刻刀將圖上主體部分如人物、花鳥、漏窗、題字等刻成透空。然後以白色上品宣紙襯在底面，使透空部位薄且透明則佳。再以相同面積的四層紙夾成一疊，放於針盤上。針盤俗稱樣盤，用羊油和榆樹皮粉炒拌凝而成，要濃稀適度，軟而不糊。

接著就可用鋼針按圖穿刺了。鋼針將裝在一支筆狀桿端；有時紙質較厚實，捻針扎刺數十百萬針太吃力，也有使用小銅錘，輕輕敲擊助力的。用針用刀切忌偏側歪斜，稍有偏差，就會直接影響下層三片的整齊勻稱。

扎針穿孔之後，四面電影中的第一片針孔太平，第四片針孔含混，都棄去不用。只用針眼圓而凸邊，整片平貼的兩

三片。大型燈彩作品，手工扎針多數達十萬乃至百十萬孔眼，投工耗時，一絲不苟，這的確是很不簡單的。

針炙技法比較多，主要有鉤針、破花針、排針、亂針、散針、補針等。針炙力求整齊勻稱，用力輕重得當，不得有一針破漏，否則將前功盡棄，難以補綴。因為補綴時接紙鑲口處的重疊痕跡在燈下將暴露無遺，大損美觀。

針炙既畢，便可在透空的單層宣紙處作畫著色。全能的燈彩藝人，能自己創作圖稿，落筆成繪。

五彩繽紛的圖畫，以針炙的陰紋背景作為襯托，形成燈面的強烈明暗對比，尤其能造成遠山、雲霧、叢林等朦朧幻視，極富想像力。這種技法針刻的燈面，比紗燈、絹燈、刻紙燈、琉璃燈具有更大的自由表現餘地和強烈的主體感。

如珠簾傘景片《高樓曉妝圖》就被視為「絕藝」。再有晚清景片《東坡賦鼠、牛角掛書合圖》，圖中人和鼠、牛及題款都雕刻鏤空，在燈下使之突出。

窗櫺、柳尖、淺草也用刻工，顯示光源，使畫面增加動態氣氛。陪襯部分以針代畫，以針填空補充天、水、地等處，畫面布局疏不嫌稀，密不過擠；細緻繁複而宛似輕漫，別有一派藝術境界。

硖石燈彩的顯著特色，除針工而外，繪作之精妙，亦為燈藝之冠。它的技法墨色，無一不合國畫法度。顏料大都為天然礦物，可歷數百年而不褪色。

硖石燈彩所採用的配合材料極多，有竹、木、金屬、綾絹、綢緞、明珠、玉珮、絲穗、流蘇、紙品、獸角、玻璃、羽毛、

貝殼以及近代的鐵絲、電料、塑膠、化纖等等，在燈彩藝人的巧妙手藝中都能材盡其用，恰到好處。

自古以來，在硤石從未有過以買賣為目的之「燈市」，也無靠扎燈為生的專業藝人。這些「燈彩藝術家」都來自絲綢、土布、米業、襪業等商號的老闆、店夥，也有醫生、畫師、教師和手工藝者，還有家居老人、民婦等，其中，不乏「燈彩世家」，都是世代相傳，興之所至。硤石燈彩賽會，歷來不重元宵節。

硤石燈會，自古以來，多數在清明節前後舉行，是為了祭奠社稷之神大禹、秦始皇二神，與全國各地盛行的「元宵燈會」毫不相干。所以說，硤石燈彩絕非起源於宮廷，而是來自民間，源遠流長，歷久不衰。

海寧硤石燈彩經歷千百年的錘煉，形成了集手工藝、書畫為一體的地方民間文化特色，具有高度的工藝價值和美學價值。

閱讀連結

描寫硤石燈彩的文藝作品不勝枚舉。除了話本小說及戲劇外，最具有代表性的要數評彈傳統開篇《鬧元宵》，繪聲繪色地描寫江南燈會盛況，唱出十盞名燈，三十六大燈、七十二小品，錯綜複雜，洋洋大觀。

專門採集硤石燈彩的文字記錄，比較完備的還是《笙磬同音集》的第七集。海寧詩人張寶芬題詠二十七座精品座燈，陸光勛和孫葆謙也有不少專題詩作，名噪一時，而且又是硤石燈彩專題的作品。

木雕之鄉——東陽

　　東陽木雕因產於浙江東陽而得名，與青田石雕、黃楊木雕、甌塑並稱「浙江三雕一塑」。相傳早在一千多年前，東陽人就開始其木雕的歷史，他們世代相傳，創造眾多的千古佳作，造就了上千木雕藝人，從而成為著名的「木雕之鄉」。

　　東陽木雕約始於唐而盛於明清，自宋代起已具有較高的工藝水準。據說，唐代被稱為「活魯班」的華師傅為分任吏部尚書和工部尚書的馮宿、馮定兩兄弟營造廳堂，準備接榀上檁時，一複查，一百八十根楠木大梁全短了一尺二寸，活魯班大驚！

　　適有一老翁上門要魚要肉。活魯班款待之，老翁把兩條魚尾分別移動在兩個碗上，像兩個魚頭相對，伸出一截，然後用筷子往兩嘴套，揚長而去。

　　活魯班突然領悟，立刻命匠工做了三百六十個魚頭，固定在柱頭上，以此把梁接住。柱上加上魚頭的設計新穎又美觀，且魚頭與「餘頭」諧音，大吉大利，後人又在魚頭上加上牛腿，這便成了最早的東陽木雕。

　　至宋代，東陽木雕已具有較高的工藝水準。北宋時期所雕的善才童子和觀音菩薩像造型古雅端莊，足以說明東陽木雕當時的水準與風格。

　　當明代盛行雕刻木板印書後，東陽逐漸發展成為明代木雕工藝的著名產地。主要製作羅漢、佛像及宮殿、寺廟、園林、住宅等建築裝飾。

各有千秋　藝術之鄉

　　至清代乾隆年間，東陽木雕已聞名全國，當時約有四百多名能工巧匠進京修繕宮殿，有的藝人被選進宮雕制宮燈及龍床、龍椅、案几等，後來又發展到在民間雕刻花床、箱櫃等家具用品。

　　東陽木雕廣泛應用於建築和家具裝飾，形成整套的技藝和完善的風格，存有盧宅「肅雍堂」和白坦「務本堂」、馬上橋「一經堂」等明清古建築，以及千工床、十里紅妝等家具。

　　傳統的東陽木雕屬於裝飾性雕刻，以平面浮雕為主，有薄浮雕、淺浮雕、深浮雕、高浮雕、多層疊雕，透空雙面雕、鋸空雕、滿地雕、彩木鑲嵌雕、圓木浮雕等類型，層次豐富而又不失平面裝飾的基本特點，且色澤清淡，不施深色漆，保留原木天然紋理色澤，格調高雅，被稱為「白木雕」。

　　東陽木雕原材料的種類主要以香樟木、松木、山白楊為主，也有用柏木、紅木、水曲柳、水杉、雲杉、紅豆杉、臺灣松木的。

　　東陽木雕工藝類型有無畫雕刻與圖稿設計雕刻兩類，均注重創意和繪畫性，具有較高的藝術價值。

　　東陽木雕的傳統風格主要有「雕花體」、「古老體」，以後又產生了戲文化的「微體」、「京體」及畫譜化的「畫工體」。其中的畫工體講究安排人物位置的疏密關係，人物姿勢動態變化多而生動，景物層次豐富，又有來龍去脈、重疊而不含糊。

在藝術手法上，東陽木雕以層次高、遠、平面分散來處理透視關係，並以中國傳統繪畫的散點透視或鳥瞰式透視為構圖特點，它可以不受「近大遠小」、「近景清」、「遠景虛」等西洋雕刻與繪畫規律的束縛，充分展示畫面內容。

在雕刻題材方面，早期的東陽木雕受宋都南遷後帶來的中原文化影響，較多地採用奔虎、蛟龍、朱鳥、白鹿、蟠螭等圖騰形象和神話故事人物為創作對象。

明清時期，受古典文學和戲曲文化的影響，文學典故和劇情故事大量出現在雕刻題材之中。清代晚期以後，書畫藝術深深地影響了東陽木雕的創作。

早期的東陽木雕鮮有落款，這大概是因為舊時視手工藝品為「雕蟲小技」，手藝工匠社會地位低，藝人沒有「流芳百世」的自信，加上藝人自身文化素養低，想落款也力不從心。東陽木雕出現落款大約始於清末，與「畫工體」同步出現。

落款內容一般包括標明作品主題、主題意境的題詞，以及標明創作背景內容的如作者姓名、創作時間和印章等兩大部分內容。

東陽木雕的題名落款是或凹或凸的特種圖像，與整體畫面的圖像在同一個畫面之中，相輔相成。

東陽木雕以悠久的歷史，豐富的品類，生動的神韻，精美的雕飾，精湛的技藝和廣泛的表現內容而名揚中外。

閱讀連結

　　東陽人杜雲松十四歲從郭金局學木雕。杜雲松能畫善雕，技法全面，無論是浮雕還是深雕，無一不精。杜雲松從事東陽木雕藝術六十一載，成為著名的東陽木雕藝術家。他還參與創辦東陽木雕技校，為東陽木雕的繁榮發展培養許多人才。

　　杜雲松的木雕題材廣泛，山水、人物、花卉、鳥獸等樣樣在行，技藝如此全面的木雕藝人在東陽並不多見，故又有「木雕皇帝」之稱。他可以不用圖稿而能當面持刀雕刻真人肖像，所雕刻的樓店樓玉龍父母肖像，栩栩如生，令人稱讚。

▌拉花之鄉──井陘

■井陘拉花

　　井陘位於河北西部與山西交界的太行山深處，素有「天下九塞，井陘其一」之說。井陘歷史悠久，源遠流長。悠久的歷史孕育井陘優秀的文化藝術。井陘拉花是諸多民間藝術

中的佼佼者，也是井陘人最喜愛的民間舞蹈，素有「井陘拉花遍地扭」俗語。

井陘拉花源於民間節日、廟會、慶典、拜神時的民間街頭花會，歷史悠久，源遠流長，早在唐憲宗年間成書的地理總志《元和郡縣誌》中就有記載。關於井陘拉花的產生，還有一個美麗的傳說故事。

據說，在宋末元初時，井陘深山裡有一個殘忍無道的歹徒，占山為王，經常搶劫民財、殘害百姓，每逢年關都要下山搶男霸女。當地百姓恨之入骨，便想除掉這個惡貫滿盈的山大王。

有一年春節，當地百姓選出一群膽大心細、武藝高強的青年男女，將其裝扮成賣藝人士，身著五顏六色的綵衣，手持精巧美麗的花傘、花扇、花瓶、花籃、霸王鞭等物件，暗中攜帶著各種兵器，佯裝途經山寨，故意讓強盜劫掠入山。

深夜，這些青年男女趁山大王尋歡作樂和給他獻藝之機，與被搶劫去的民夫裡應外合，放火燒了山寨，除掉了山大王，解救出許多被掠的黎民百姓。

自此以後，每逢年節，當地百姓都打起花傘，舞起彩扇，挑起花瓶、花籃，打起霸王鞭，結隊歡舞，以示慶祝。

拉花的形成和發展過程中，不僅承襲了其他舞蹈的特色，還根據井陘特有的地域特徵、風俗特徵發展出獨有的舞風。

拉花是一種不受場地限制，既可街頭、場院演出，也可登台獻技，時間可長可短的群舞。演出方式可分為兩種，一種是行進中的演出，稱為過街，這種表演因受行進的侷限，

僅能用一根鞭、二龍並進等簡單的隊形，無法追求舞蹈的完整性，但有因地制宜的特點，因此一般在參加拉會和踩街時採用。

另一種為場地演出，其隊形多變，能充分發揮演員的表演技能，而且演出完整。參加演出的演員，一般為六的倍數。

從表演形式上看，拉花可分為蹺子拉花和地拉花兩種。所謂蹺子拉花，即扮演女角者，腳踩蹺子進行表演，代表流派是固地拉花。

蹺子拉花逐漸演化為一種猶如西方芭蕾舞中的立腳尖，以木削的「戳蹺」捆綁於腳，而且戳蹺穿以鞋襪遮蓋，猶如古代婦女的「三寸金蓮」。表演時，演員只有始終保持「立腳尖」姿態才能表演。

這種拉花中的女角雖為男扮女裝，但因受「戳蹺」的影響，使身體前傾、腆胸、塌腰、翹臀，移步嬌媚，逼真地再現了古代婦女的神韻。

蹺子拉花掌握難度大，經多時訓練方能表演，俗有「冬練三冬、春練三春」之說，特別是腳綁戳蹺的就更難。在井陘有「固地的拉花一片功」之說，就是對戳蹺難度的形容。

清末，拉花進入鼎盛時期，被官方譽為井陘的四大迎神賽會形式之一。隨著婦女放足以及群眾審美觀的改變，有的如南平望拉花從蹺上解放下來，演變為一種不同於地拉花的地蹺拉花。

拉花的傳統化裝、道具、服飾均與當地的民俗事項有著密切的關係，因此具有鮮明的地域特點。

時拉花男性角色的臉頰畫有梅花，以寓「五福」的，也有的畫菊花這類吉祥之花的；有的額心至鼻頭之間畫蠍、蛇、蜈蚣、壁虎、蟾蜍等「五毒」中的形象，以希望能夠以禳蟲毒。

女角中的醜婆在右眼眉旁經鼻樑向左斜至顴骨畫一白色的斜線或點，以達到煞邪之目的。

拉花的道具多是流傳在漢族民間舞蹈中通用的道具，比如彩絹、彩扇、傘、鞭、太平板等。在此基礎上各種拉花均根據自身的需要而增設。

如莊旺拉花貨郎擔，他表現的是貨郎賣絨線的故事，並根據自己角色的需要而加入貨郎鼓、貨郎架。又如南平望拉花送美人，她表現的是護送美女入宮的故事，就加入化裝匣以供美女梳洗打扮。但大多數的拉花中有著一種在其他民間舞蹈中不多見的道具花瓶。

筆竿胡是一種道具，戴在男角的嘴唇上，可謂獨具匠心。它透過上唇的撅起，帶動筆竿滾動，從而誇張地表現出吹鬍子瞪眼睛的滑稽相。在蹺子拉花的傻小子手中，手持紅蘿蔔或蓮花蕾之類的道具，這些道具的應用很明顯為古代生殖崇拜的遺俗。

地拉花的服飾大同小異，多沿用清代服飾，男的頭戴瓜殼帽，上身穿偏襟長衫，前後下擺用針線撩起，罩坎肩，下身穿燈籠褲，腿扎綁帶，腕扎扣袖，腳登雲鞋，腰繫綵綢，腰間且披著兩個繡工精美的錢袋。

女角中的醜婆，大包頭，扎綢子結花垂於右耳旁，上身穿偏襟大衫，下穿羅裙，腰扎綵綢，右肩斜背一包袱。其他

女角，梳一根長辮垂於腦後，頭上插花，身穿不過膝的偏襟長衫，罩鑲邊坎肩，下穿彩褲著彩鞋，腰扎綵綢，各角色均按所扮演老、中、青、少的年齡特徵，在色彩上有所變化，青少要色彩鮮豔些，老中色彩需淺淡些。

井陘拉花的音樂為獨立樂種，既有河北吹歌的韻味，又有寺廟音樂、宮廷音樂的色彩，剛而不野、柔而不靡、華而不浮、悲而不泣，與拉花舞蹈的深沉、含蓄、剛健、豪邁風格交相輝映，樂舞融合，渾然一體。

傳統拉花音樂多為宮、徵調式，其次還有商、羽調式，節奏偏慢。樂器有大管、小管、膜笛、笙、龍頭二胡、三弦、四股弦、敲琴、雲鑼、小鐺子、小鑔、扁鼓。

管子是拉花音樂中的靈魂，具有領奏的作用，在樂曲中時奏時停。那種淳樸、粗獷、渾厚、略帶悲愴的音色，如泣如訴地將人帶入昔日井陘人民深重災難之中，恰與舞蹈融為一體。

小管的高亢，膜笛的滑音、顫音和花點與大管互相呼應，捧笙以三度、五度和弦將樂曲珠聯璧合。雲鑼以其清脆悅耳的問答式的輪奏，復調旋律與大管配合。

小鐺子、小鑔按花點擊拍，嚴密的分工，緊密的配合，令人毫無齊奏乏味之感。管、笙、笛、雲鑼是拉花音樂中必不可少的主奏樂器，構成拉花特有的藝術魅力以及濃郁的鄉土氣息。

拉花的樂曲由曲牌和民歌組成。它的曲牌約有十多首，如「萬年歡」、「春夏秋冬」、「爬山虎」、「小兒番」、

「粉紅蓮」、「雁南飛」、「摸」、「八板」等曲牌，「八板」這個曲牌被各村拉花普遍使用，藝人稱「踩著八板扭拉花」。

井陘拉花雖屬秧歌範疇，但舞蹈語彙剛柔並濟、粗獷含蓄。舞姿健美、舒展大方、屈伸大度、抑揚迅變，善於表現悲壯、眷戀、愛情、行進的情緒。

閱讀連結

傳說在井陘某村有一名叫楊名舉的人，明萬曆時在河南任西華縣縣令，任滿路過牡丹勝地洛陽時，將數簇牡丹帶回，在以本村老君廟內以「花王」敬神。從此每到花開季節，總是吸引許多男男女女前往觀看。為紀念牡丹在井陘扎根這件喜事，一些民間藝人將其編為舞蹈。

由於當時交通不方便，在近公里的路途中，牡丹花的遷移只能用人力拉運，故取名為「拉花」，也就成為舞蹈拉花之名的由來。舞蹈在發展過程，慢慢出現身背花、頭插花、臉畫花、肩挑花的無處不花的裝束，以及與拉有密切關係的舞步姿態。藝人們仍持有「有了牡丹花，就有了拉花」的說法。

▎腰鼓之鄉──安塞

■安塞腰鼓表演

安塞，地處陝北高原腹地，地域遼闊，溝壑縱橫，延河在境內蜿蜒流過，素有「上郡咽喉」、「北門鎖鑰」之稱，是抵禦外族入侵的邊防要塞之一。

安塞地處黃土高原腹地，縣民以淳樸、誠實著稱。由於交通的阻塞，古老文化藝術才能夠跨歷史時期地保留下來，成為黃土文化中極其珍貴的部分，而腰鼓便是其中之一。安塞腰鼓堪稱「中國一絕」，被譽為「中國腰鼓之鄉」。

早在秦漢時期，腰鼓就被駐防將士視同刀槍、弓箭一樣不可少的裝備，當遇到敵人突襲，以擊鼓報警、傳遞訊息；在兩軍對陣交鋒，以擊鼓助威；若征戰取得勝利，士卒又擊鼓慶賀。

隨著時間的流逝，腰鼓從軍事用途逐漸發展成為當地民眾祈求神靈、祝願豐收、歡度春節時的民俗性舞蹈，但在擊鼓的風格和表演上，仍然繼續保留某些秦漢將士的勃勃英姿。

安塞腰鼓融舞蹈、歌曲、武術於一體，表演剛勁豪放，氣勢宏大，色彩鮮明，熱烈喜慶，給人一種強大的藝術震撼，被譽為「中華鼓王」、「東方神鼓」、「東方第一鼓」、「中華民族之鼓魂」。

安塞腰鼓多採用集體表演形式，腰鼓手少則數十人，多時可達百餘人。隊伍包括拉花女角、傘頭、蠻婆、蠻漢等角色，和「跑驢」、「水船」等各種小場節目組成浩浩蕩蕩的民間舞隊。

在表演上強調整體效果，要求動作的整齊統一和隊形變化的規範性，主要透過鼓手們豪邁粗獷的舞姿和剛勁有力的擊鼓技巧，充分展現生活在黃土高原的男子陽剛之美。

安塞腰鼓有完整的表演程式和活動習俗。過去，多在喜慶節日和廟會中演出，每年的春節至元宵節，是集中的活動時間。

活動開始前，要由廟會會長先組織祭祀活動，稱為「謁廟」，舞隊在傘頭的帶領下，敲起鑼鼓，吹著嗩吶，有時還要抬著整隻豬整隻羊和其他供品前去寺廟燒香敬神，祈求神靈保佑風調雨順、國泰民安，並在廟內廣場踢打一陣，意在娛神。

「謁廟」結束，正月初八九後，腰鼓隊便開始了

這時，腰鼓隊按村中情況依次走串各家，在主家院中、窯前表演一陣，傘頭根據各家情況，觸景生情演唱幾段吉利秧歌，以表賀年之意。

　　主家則認為腰鼓隊進院入戶敲敲打打、跳跳唱唱，可以消災免難、四季平安。這可能是古代「鄉人儺」的習俗遺風。有時兩隊腰鼓在途中相遇，一般都由傘頭互唱秧歌，共賀新年，讓道而行，但是有時難免會出現互不讓道的情況，此刻就要競技賽藝，爭個高低。

　　兩隊鑼鼓大作，嗩吶聲、腰鼓聲，好似春雷滾挨門拜年活動，俗稱「沿門子」。當地有這樣一句諺語：

　　鑼鼓嗩吶直響哩，屁股底下棍撬哩！

　　鼓手們盡情擊打、跳躍，如瘋似狂，打至高潮，鼓樂暫息，由雙方傘頭出場對歌，這也是競賽技藝的一個方面。直至有一隊陣角先亂，動作不齊，鼓點、隊形也都統一不到一塊或對歌對答不上時，就算輸了，於是主動讓道，讓勝者先走。

　　「沿門子」結束後，鄉村之間的腰鼓隊還要互相拜年，彼此互訪，進行交流演出，這和陝北秧歌一樣，稱之為「搭彩門」。

　　正月十五時，各村腰鼓隊雲集廣場，開始了互比互賽活動。各路鼓手各顯身手，互比高低，成為一年裡腰鼓表演的高潮。這不僅豐富了農村春節文娛活動，還透過彼此觀摩、切磋技藝、推動了腰鼓的普及和提高。

　　當晚還要舉行「轉燈」，幾乎是人人爭游，闔家同轉。屆時鼓樂齊鳴，燈光閃爍，腰鼓隊在前引導，眾人隨後，呈現出一派熱鬧非凡的景象。腰鼓隊的活動常延續到正月十七、十八，祭罷土地神後方告結束。

腰鼓的表演形式可大致分為「路鼓」和「場地鼓」。「路鼓」是腰鼓隊在行進中邊走邊舞的一種表演形式，前由兩名傘頭領隊，後隨由挎鼓子和拉花組成的舞隊。

傘頭身後緊隨的一位挎鼓子，稱「頭路鼓子」，他必然是技藝精湛的擊鼓能手，全隊的動作變換和節奏急緩，統一由他來指揮。隊伍的後部，是扮成蠻婆、蠻漢的丑角，也有的扮成孫悟空、豬八戒等「唐僧取經」中的人物，隨意扭動，逗笑取樂，以增添節慶的歡樂氣氛。

「路鼓」由於在行進中表演，一般動作簡單，幅度較小，多做「十字步」、「走路步」、「馬步纏腰」等動作。常用的隊形有「單過街」、「雙過街」、「單龍擺尾」、「雙龍擺尾」等。

「場地鼓」是指腰鼓隊到達表演地點、開場後的表演形式。開始時由傘頭揮傘號令，頓時鼓樂齊鳴，眾舞者隨傘頭翩翩起舞。這一段叫「踩大場」，表演節奏緩慢，目的是拉開隊伍。

第二段載歌載舞，表演節奏漸快，動作幅度較大，隊形變化繁多。常用的隊形有「神樓」、「古廟」、「神前掛金牌」、「富貴不斷頭」、「和尚游門」等。到引出「太陽弧」圖案後，傘頭站到場中央領唱秧歌，唱詞視場合和對象而定。

「謁廟」時，有拜廟祭文；一般演出有向觀眾拜年問好的，也有喜慶豐收和祝願吉祥等內容。傘頭唱時，眾舞者在場邊慢步轉圈，並重複接唱每段的最後一句，俗稱「接後音」。

　　唱完後，傘頭退出場地，由挎鼓子和拉花入場表演，走出各種複雜多變的隊形。此刻不受時間的限制，舞者盡情表現各自的技藝絕招，情緒熱烈，起伏跌宕，使表演達到高潮。

　　為了突出挎鼓子的技巧，表演「場地鼓」時由挎鼓子在場內單獨進行表演，其他的鼓手則在頭路鼓子的指揮下，精神振奮，擊鼓狂舞，此時只見鼓槌揮舞，綵綢翻飛，鼓聲如雷，震撼大地，聲勢逼人，極富感染力。

　　這一段結束以後，再穿插表演其他形式的小場節目，如「跑驢」、「水船」、「高蹺」、「二鬼打架」、「大頭和尚」等。小場節目結束後，再接著表演一段大場腰鼓。此刻鑼鼓敲得快，嗩吶吹得緊，擊鼓更激烈，情緒更歡快，使整場表演在強烈的氣氛和高昂的情緒中結束。

　　安塞腰鼓依據不同的風格韻律原有文、武之分，「文腰鼓」輕鬆愉快、瀟灑活潑，動作幅度小，類似秧歌的風格；「武腰鼓」則歡快激烈、粗獷奔放，並有較大的踢打、跳躍和旋轉動作，尤其是鼓手的騰空飛躍技巧，給人們以英武、激越的感覺。

　　安塞的西河口鄉與真武洞兩地腰鼓最有特色。它們生動地反映了當地群眾憨厚、淳樸的氣質和性格特徵，在表演中又融合了民間武術和秧歌舞動作，有放鬆有緊湊、活而不亂，進退有序、氣勢磅礴、渾厚有力。被贊之為「式子慷慨碼子硬」。

　　安塞腰鼓是一種非常獨特的民間大型舞蹈藝術形式，具有兩千多年的歷史。獨具魅力的安塞腰鼓像掀起在黃土地上

的狂飆，展示出西北黃土高原農民樸素而豪放的性格，張揚出獨特的藝術個性。

閱讀連結

安塞腰鼓在表演活動中以大鼓為指揮，打擊樂和吹奏樂則起輔助或填補主導打擊空白的作用，渲染氣氛。打擊樂包括大鼓、大鑔、小鑔、鑼、小鑼等，透過隊員動作和所形塑的圖案來控製表演動作，達到有起有伏、節奏有序的目的。吹奏樂主要是嗩吶，嗩吶聲音洪亮、圓潤、質樸，與腰鼓的擊打聲協調一致，造成相映生輝的作用。

腰鼓小場表演時，特別是打文鼓時，在一定場合，其他樂器全停下來，此時只由嗩吶單獨演奏，這就要求腰鼓隊員邊打邊扭，別有一番風趣。

▌民歌之鄉——紫陽

■陝西紫陽民歌演唱

特色之鄉：文化之鄉與文化內涵

各有千秋 藝術之鄉

　　紫陽，位於陝西省南部，地處漢江上游，大巴山北麓，因道教南派創始人紫陽真人張伯端而得名。

　　在紫陽，民歌藏量極為豐富，所發現曲目總數已達五千多首，體裁包括號子、山歌和小調幾大類，其中又包含了社火歌曲、風俗歌曲、宗教歌曲、曲子等不同歌種。由於積蘊深厚、傳唱廣泛，紫陽被譽為「中國民歌之鄉」。

　　紫陽民歌是陝南地區民歌中最具代表的曲種。它語言形象生動，曲調優美動聽，具有鮮明的藝術特色和地方風格，是紫陽人民創造出來並流傳下來的藝術瑰寶。

　　中國古代最早的詩歌總集《詩經》中，《周南》和《召南》部分二十五首歌謠的流傳地，主要就在包括紫陽在內的漢水上游。紫陽民歌在朝代更迭的過程中，伴隨著人們種種生活習俗的形成發展而逐漸成熟，於明清達到鼎盛。

　　紫陽民歌分為「山歌」、「小調」、「風俗歌曲」、「花鼓八岔」、「號子孝歌」等十幾個曲種，其音樂風格大多有著較強的抒情性、敘事性和舞蹈性，適於表演動作、表達情節和反映人物複雜感情。

　　工作類歌曲是紫陽民歌的基礎，在紫陽民歌中佔有非常重要的位置。其風格粗獷豪邁，音調、節奏複雜多變，具有較強的生活氣息。

　　山歌是指工作類以外的各種山野歌曲，是最能代表山區特點的民歌。山歌歌詞有很多是在工作中即興創作的，見景生情，隨編隨唱，大多是表現愛情的。

小調和山歌一樣量大面廣，歌詞較為固定，其風格特點是曲調細膩流暢，旋律優美動聽，節奏平穩細碎，音域較窄，具有較強的敘事性和個人感情色彩。

風俗歌曲是流傳較廣的民間口頭文藝形式，是一種即興創作歌曲，見什麼唱什麼，想什麼唱什麼，是反映紫陽人民生活習俗的歌曲，也是當地民間舉行婚喪嫁娶等各種儀式時所唱的歌曲。

紫陽的青年人談情說愛時，要唱纏綿熱情的「情歌」、「盤歌」；為老年人辦喪事，要唱淒涼、悲哀的「孝歌」、「送葬歌」；在農田裡耕種時，要唱高亢、激越的「號子」、「鑼鼓草」等。

紫陽人迎親時，新郎、新娘、迎親的、送親的都要唱山歌。沿路邊村寨，還有攔住新娘對「盤歌」的風俗。若遇上「歌迷」，迎親隊伍就必須停下來，陪新娘對歌。

紫陽農民工作時唱的歌，稱之「鑼鼓草」。「鑼鼓草」是由一個人自敲自唱，其他人邊做邊跟著唱。如有人在工作時沒把草根刨到土面上，領頭的人便唱：

哎——薅草末薅連根草，一場雨過又活了。烈日下邊流大汗，竹籃提水白費勞！

如果大家的速度很快，有的人卻動作很慢，他就唱歌督促或善意地笑他幾句：

哎——大雁飛翔不離群，幹活就要多鼓勁，莫學地角的癩蛤蟆，一步三停急煞人喲哎！

特色之鄉：文化之鄉與文化內涵

各有千秋 藝術之鄉

　　紫陽人大多是明末清初從湘、皖、贛、豫、閩、粵各地來的移民後裔，因而紫陽民歌具有明顯的南方印記，其中有很大一部份直接來自於南方的唱本，如《桑木扁擔》、《十繡》、《倒採茶》等等。

　　紫陽縣民間有「山歌無假戲無真」之說，例如「報路歌」，是有韻無一定調子，自由唱、合的順口溜。它是遇到什麼就說什麼，或為助興，或為鼓勁對答。

　　紫陽的「對歌會」即「賽歌會」則更加有趣。有同村或鄰村之間「對」的，有分「日間會」或「夜晚會」這兩類的。對歌者雙方事先只約定時間、地點、參加人數，不論男女老少都可以參加。雙方除有「歌頭」、「參唱」的人之外，還有看熱鬧、幫陣助威的。

　　「日間會」多在山坡上，雙方各站一個小山包，面對面地「對唱」，當然也有在小河、小溪兩邊隔水對歌。「對歌」多屬「盤歌」，有盤問歷史、古人、地理、神話的，也有盤問鳥、獸、花、草的。

　　「夜晚會」常在冬春時節舉行，地點多在古廟或寬敞的「公房」裡。對歌雙方各燃一堆木炭火，男女老少圍火而坐，你唱問，我唱答；你唱個英雄，我唱個好漢；你唱名山，我對大川；你唱《劉海戲金蟾》，我唱《洞賓戲牡丹》。唱對如流，此起彼落，賽歌喉、賽智慧，氣氛熱烈，經常是通宵達旦，歌聲不停。

　　紫陽民歌流傳久遠，其歌詞借喻巧妙，風趣幽默，有較高的文學價值；所用方言像是來自四川、又像是楚國的，韻

味獨具；其旋律優美婉轉，高腔唱法中游移於調式音級間的色彩性顫音，唱法具有獨特的價值。

此外，紫陽還被稱為「中國名茶之鄉」。東漢末年，伴隨著佛教傳入中土，繼而傳入紫陽，紫陽茶和紫陽茶文化便開始萌芽並逐漸興盛。

閱讀連結

紫陽廟會和社火也是非常有特點的。紫陽自古多寺廟，僅舊縣城就有寺廟數十座。因此廟會盛行，名目繁多，諸如觀音廟會、老君廟會、祖師廟會、財神廟會等。

紫陽民間社火也叫玩燈，它是舞龍舞獅、踩高蹺等各種雜耍藝術形式總稱，分為出燈、玩燈、臥燈和化燈幾個階段。出燈儀式其實是全部節目的預演；玩燈時，按照一定的節目順序依次表演，唱詞多以吉祥語編成的順口溜；每個晚上玩到最後一家時便臥燈，第二天晚又從這家開始接著表演；化燈是玩燈活動結束時，把表演時的燈具集中燒掉，活動結束。

特色之鄉：文化之鄉與文化內涵

出產之地 特產之鄉

出產之地 特產之鄉

　　中國地域廣闊，物產豐富，各地特產更是名聞遐邇、揚名天下，如宜興的陶器、景德的瓷器、石灣的陶塑、菏澤的牡丹、紹興的黃酒、瀏陽的花炮、湘西的織錦等，其品質與同類產品相比，都是最好的。

　　這些特產的產生，確實有賴於當地獨特的自然條件和自然環境，可人文環境才是使其獨特的原因。由於它們都有特殊的發展歷程，在原料選擇、加工方式、使用價值、影響範圍等諸方面，才會具有一定的文化內涵。

▎陶器之鄉──宜興

■太平有像紫砂壺

　　在黃海與東海之濱，蘇、浙、皖交界的太湖西岸，有古老而又奇特的名城宜興。宜興不僅有悠久的歷史和優越的地理條件，還有豐富的陶土資源，所燒製的陶器聞名遐邇，因此被譽為「陶器之鄉」。

　　宜興陶瓷主要有號稱「五朵金花」的紫砂、鈞陶、青瓷、精陶和美術彩陶，其中又以紫砂陶器最有特色，也最為著名。一般認為紫砂陶初創於宋代，而這個判斷是由於宋初梅堯臣的詩曾提及它。詩中說道：

　　小石冷泉留早味，紫泥新品泛春華。

　　這裡的「紫泥新品」似不應理解為紫砂壺創製之始，也許只是說自己用的那一把壺是新得到的。若這個推想可靠，紫砂壺或許唐代就已經有了。然而「紫砂」兩字正式見諸文字記載是在元代，盛行則是要等到明清兩代。

明代正德年間，陶都出現一位卓越的匠師供春，他是從金沙寺僧身上學到制壺的技術。金沙寺僧和供春兩人通常被尊為紫砂陶的創始，所謂的「陶壺鼻祖」，其傳世作品有失蓋樹癭壺。紫砂壺的製作從金沙寺僧到供春，大大地跨進一步。

明代中期，宜興陶瓷已成為一種重要商品，無論藝術陶瓷還是日用陶瓷，均「鬻於四方利再博」。十六世紀晚期至十七世紀初，名家輩出，壺式也跟著千姿萬態，特別注重筋紋器的製作。這種風氣延續至十八世紀以後。

明代時，供春已創製出「樹癭」、「龍蛋」、「印方」等多種壺式，至明萬曆間，董翰、趙梁、袁錫、時朋，制壺有「圓珠」、「蓮房」「六瓣圓囊」、「八瓣扁菊」和「高把提梁」諸式。

明萬曆時期，時大彬、徐友泉等名師努力探索，打造紫砂製作工藝和工具，對紫砂的泥色、形制、技法、銘刻有相當的研究和傑出的創造，創「漢方」、「梅花」、「八角」、「葵花」、「僧帽」、「天鵝」、「足節」諸壺式。

明崇禎年間，士人倡導淺嚐低斟，流行小壺，惠孟臣創小型水準壺，容水六十毫升至八十毫升。

十七世紀晚期至十八世紀末，自然形壺、幾何形壺、筋紋器和小圓壺這四類壺型都有燒造，而筋紋形壺逐漸被自然形壺取代。這個時期比較注重壺面的裝飾，尤其喜愛在壺面施釉或加彩繪裝飾。此時的代表人物是陳鳴遠。

特色之鄉：文化之鄉與文化內涵

出產之地 特產之鄉

　　清代初期，宜興丁山一帶已形成「商賈貿易纏市，山村宛然都會」的局面，而紫砂器具更是前所未有的多。當時的陳鳴遠塑鏤兼長，善創新樣，技藝精湛。

　　陳鳴遠的獨特之處在於結合雕塑裝飾與造型，款式與書法皆雅健有晉唐風格。他的作品類型分佈甚廣，大致分為茗壺茶具類、文房案頭裝飾以及擬瓜果類小品三類，其中要以文房雅玩為最，豐富了紫砂陶的造型藝術，發展了紫砂陶的品種。

　　陳鳴遠的傳世作品在中國國內或海外都有收藏，所創款式「歲寒三友」、「南瓜壺」、「包袱壺」、「梅椿壺」等。泥色有黃、白、紫砂、天青、烏黑、桃紅、沙白、栗色、硃砂等。

　　清乾隆時期，王南林、楊友蘭和陳漢文等人負責為宮廷製作精細壺器用琺瑯彩、堆雕和泥繪裝飾，有的有乾隆詩句裝飾，華麗典雅，風格繁縟。此時壺器裝飾，集工藝技法大成，書法、圖畫、圖案，篆刻、浮雕、鏤空、鑲嵌、彩釉、絞泥、摻砂、磨光，交替使用，因器而異，變化眾多。

　　十九世紀的文士與紫砂藝人交往甚密，出現在壺上鐫刻書畫的風尚。紫砂壺造型簡單的特色，為在壺面上施展才華提供極大的自由。此時以陳曼生和楊彭年代表。

　　清代嘉慶至光緒年間，是紫砂壺造型藝術發展的轉變期，這段時間的代表者是曾任縣宰的文士陳曼生。陳曼生精於書畫篆刻，紫砂壺受其影響，風格為之大變，樣式漸趨典雅尚古，大多是簡單的幾何造型，宜於壺面表現書畫藝術。

「十八壺式」由名工楊彭年等製作，有「石瓢」、「半瓜」、「圓珠」、「合歡」、「合盤」、「井欄」、「傳爐」、「葫蘆」等樣式，世稱「曼生壺」。

當時紫砂壺藝呈現氣象萬千之景，也是紫砂工藝史上的黃金時代，而這全是熱衷文化的藝人與熱愛工藝的文人共同創造出來的。

與楊彭年同時的陶人邵大亨，嘉道間宜興上岸里人。他們兩個年少就享有盛名，楊彭年以精巧取勝，而邵大亨則以渾樸見長。他的傳世作品有《一捆竹》、《魚化龍》、《掇球》、《風捲葵》等，皆紫砂精品。

清代的制壺名手除了上述幾位之外，還有邵友廷、何心舟、陳光明、王南林、陳漢文等，都有過很多傑出的作品，各有不同的風格和藝術特色。

在紫砂陶器中，茶具無疑是最具代表性的。紫砂壺「方非一式，圓不一相」，外形典雅莊重，線條清晰流暢，比例恰當，如壺之嘴、攀、蓋、腳，本身既具優美的造型，又與壺身形成和諧完美的整體。

宜興紫砂獨特的藝術風格，在於深厚的傳統文化底蘊，可以分為文人風格和宮廷風格，每一種又有不同的名家流派之別。

明清兩代參與紫砂藝術品創作活動的文人，差不多有近百人，其中著名者如陳繼儒、董其昌、鄭板橋、吳呂碩、任伯年等，都是書畫大家。他們參與其間，不僅使紫砂工藝精

良，製作精緻，更有奇巧的構思和濃郁的書卷氣息，從而提高作品的藝術品位。

文人風格的作品以雅、精、文為主，講究格調，不求華麗繁縟，追求淡雅和思考的並濟。與此同時，對藝人的要求也更高了，即製作者必須具備較高的文化素養、扎實的技巧和敏銳的領悟力。可以說，文人風格的形成是文人雅士與名工巧匠共同努力的結果。

所謂宮廷風格，最初是指清代一些紫砂壺藝匠人為迎合皇室貴冑和官宦豪權的需要，專事追求富麗奢華的作風，後來慢慢地讓日漸巧妙高雅的壺藝風格流行開來。

宮廷風格注重紫砂器的外表華麗，模仿景德鎮瓷器中的彩釉裝飾，或在坯胎上手繪、手刻，又佐以金屬鑲嵌裝點，給人以雍容華貴、富麗堂皇的感覺。這與清代康雍乾時期整個社會比較安定、繁華，執政者崇尚富麗華貴的趣味相投合。

閱讀連結

宜興丁山位於太湖之濱，是一個普通而美麗的小鎮。據說有天，一個僧人出現在鎮上，他邊走邊喊：「富有的皇家土，富有的皇家土。」人們都很好奇。僧人發現了村民眼中的疑惑，便又說：「不是皇家，就不能富有嗎？」

有一些有見識的長者，就跟著他一起走⊠。到了黃龍山和青龍山，僧人突然消失了。長者四處尋找，發現到好幾處新開口的洞穴，洞穴中有各種顏色的陶土。

長者搬了一些彩色的陶土回家，敲打鑄燒，燒出了和以前不同顏色的神奇的陶器。一傳十，十傳百，就這樣，紫砂陶藝慢慢形成了。

▌瓷器之鄉——景德鎮

■景德鎮窯青花瓶

　　景德鎮，位於江西東北部，黃山、懷玉山餘脈與鄱陽湖平原過渡地帶；原由浮梁縣管轄，東晉時期名叫新平鎮，唐朝改為昌南鎮，又號陶陽鎮，宋代景德年間始稱景德鎮，後一直沿用。景德鎮制瓷歷史悠久，瓷器精美絕倫，聞名全世界，故有「瓷都」之稱。

　　景德鎮生產瓷器的歷史源遠流長。據史書記載，景德鎮的制瓷歷史已有兩千年，「新平治陶，始於漢世」。漢代以後的景德鎮地區，已有各種各樣的瓷器生產。

特色之鄉：文化之鄉與文化內涵

出產之地 特產之鄉

　　晉代時有個叫趙慨的人，他為當時景德鎮瓷器品質的提高提供極大的幫助，因而被後世尊稱為「師主」，歷朝立廟祭祀。

　　南北朝時期，南朝的皇帝陳叔寶為了造豪華的亭台樓閣，下詔令要這裡窯戶燒造雕鏤精巧的陶瓷柱，以供皇家使用，而後隋代時隋煬帝又要這裡造「獅象大獸」兩座獻給皇宮。上述兩例即可推估，當時的景德鎮制瓷業已有相當的技藝水準，瓷器已經具有極大的影響力。

　　強盛的唐帝國建立之後，在唐高祖李淵武德年間，景德鎮瓷業生產有了更大的發展，並且出了兩個出名的制瓷人物，一個叫陶玉，一個叫霍仲初，他們所造的瓷器「瑩如玉」，「土唯白壤，體稍薄，色素潤」。

　　五代時期，景德鎮燒造的瓷器是青瓷和白瓷，而且以青瓷為多。這個時候生產的瓷器器型主要是盤、碗、壺、水盂、碟等。瓷胎有厚有薄，釉色是被稱為「蟹殼青」的青釉，近似越窯的色彩，有些瓷器略帶綠色，與玉器很像，被稱為「假玉器」。

　　那時，景德鎮除了燒製青瓷外，又是南方燒造白瓷最早、規模最大的窯場。從大量出土資料看，白瓷色調純正，潔白度高達七十度，吸水率、透光度都達到現代瓷的標準，瓷質超過越窯，冠於當世。

　　到了宋代，景德鎮瓷器以靈巧、典雅、秀麗的影青瓷而著稱於世。影青瓷瓷胎加工精緻細膩，有「素肌玉骨」之譽，釉色白裡泛青，青中有白，瑩潤如玉，加上釉下瓷胎刻有各

種精細的花紋，三者互相結合，交相輝映，相得益彰，形成「顏色比瓊玖」的影青瓷。

其具有精細秀麗，清澈典雅，「光致茂美」的綽約風姿，成為中國陶瓷史上一個極其珍貴的品種，從而使得景德鎮躋身於宋代名窯之林。

元代，景德鎮成功地燒造出青花瓷和釉裡紅瓷，這是兩種極具特色和名貴的品類。青花著色力強，呈色穩定，紋飾永不褪脫，且風格幽靚典雅，素淨秀麗。光潤透亮的青花釉與素雅明淨的白胎巧妙配合，互相襯托，頗具中國水墨畫之特色，並且標誌著由素瓷轉為彩瓷的新時代的到來。

元青花以其多層次、滿畫面、主次分明的裝飾特徵，與以彩繪為主兼刻、畫、印花的裝飾技法，為中國陶瓷藝術的發展開闢一條新的途徑。釉裡紅以銅紅料在胎上繪畫紋飾罩以透明釉在高溫還原氣氛中燒成，使釉下呈現紅色花紋瓷器，燒成難度大，色彩豔麗，是極其珍貴的瓷器品類。釉裡紅可以單獨裝飾瓷器，亦可以與青花結合，稱作青花釉裡紅，兩者相映生輝，極其名貴。

設立於一二七八年的浮梁瓷局掌燒的「樞府」瓷，胎體厚重呈失透狀，色白微青，恰似鵝蛋色澤，又稱「卵白釉」。它是青花和釉裡紅等彩瓷賴以產生和發展的基礎，也為以後釉上彩瓷器和明初「潔白」瓷的發展打下了一定的基礎。

其他色釉如紅釉、藍釉、金釉等的出現，象徵人們對各種呈色劑的髮色規律已有熟練的掌握，使景德鎮瓷器裝飾異彩紛呈。

特色之鄉：文化之鄉與文化內涵

出產之地 特產之鄉

明時的景德鎮官民競市，「有明一代，至精至美之瓷，莫不出於景德鎮」，「合併數郡，不敵江西饒郡產……若夫中華四裔，馳名獵取者，皆饒郡浮梁景德鎮之產也」，景德鎮真正成了「天下窯器之所聚」之地。

除了在繼承前代技術並發揚光大的種類燒造方面外，明代景德鎮還消化、吸收了各大日益沒落的著名窯場的優秀技藝，並廣采博收外來文化的精華，不拘一格，大膽創新，創造了許多新種類、新造型、新裝飾，「開創了一代未有之奇」。所有這些創新，不僅造就明代景德鎮在全國製瓷業的中心地位，而且光照千秋，輝映萬載。

明永樂時，景德鎮成功地燒出了玲瓏瓷，到成化年間，又造出精細的青花玲瓏瓷。玲瓏瓷碧綠透亮，青花青翠幽雅，融為一體，引人入勝。

大龍缸和薄胎瓷的燒造成功，是明時景德鎮瓷業高度技術成就和制瓷技師驚人智慧的呈現。大龍缸，直徑高度均達七十公分以上，通身飾以五爪龍鬚，形制巨大，氣勢宏偉，莊重肅穆，為帝王專用之物，他人不可僭越使用，進而更顯它的神祕。

清代前期的景德鎮制瓷業，無論是官窯還是民窯，無論是產品造型、裝飾技法、裝飾題材還是裝飾風格，都達到「參古今之式，運以新意，備諸巧妙，於彩繪人物、山水、花鳥，尤各極其勝」的繁榮境界，制瓷技術幾乎達到爐火純青、出神入化的地步。

此時的景德鎮「延袤十餘里，民窯二、三百區，工匠人夫不下數萬，借此食者甚眾，候火如候晴雨，望陶如望黍堆」，「利通數十省，四方商賈，販瓷者萃集於斯」。與明代一樣，清代也是官窯民窯並存共榮，並且均有名窯精品。

清代前期的御窯廠，名窯輩出，創新層出不窮。康熙年間著名的官窯有「臧窯」、「郎窯」；所謂臧窯，「廠器也」，為督陶官臧應選所造。臧窯的主要成就是單色釉，但青花、五彩、素三彩、釉裡紅均極為精巧。康熙青花色彩豔麗純淨，瑩澈明亮，層次分明，有「青花五彩」之譽，別具風格而「獨步本朝」，尤其是民窯青花更為清代青花的典型代表。

清康熙五彩發明出釉上藍彩和黑彩，成為彩瓷又一個轉捩點，改變明代釉下、釉上彩相結合的青花五彩占主流地位的局面。隨著色彩增多，金彩的運用同時突破了明嘉靖在礬紅、霽紅等地上描金的單一手法，而使康熙五彩鮮豔富麗，光澤透徹明亮。

郎窯，為江西巡撫郎廷極在景德鎮督造御窯時生產的瓷器。郎窯以仿明宣德和成化窯器而著稱，其成就也在於製明宣德祭紅釉而創製的顏色釉，而當中當屬郎窯紅為代表。其深豔的色澤，猶如凝結的牛血一般鮮紅，故又名牛血紅。朗窯的釉面透亮重流，器物裡外開片，既像玻璃般光澤鮮豔奪目，又像紅寶石一樣瑰麗，極為名貴，為歷代珍品。

清康熙時還曾燒製出與郎窯紅齊名的色調淡雅的缸豆紅，也稱美人醉；用詩「綠如青水初生日，紅似朝霞欲上時」

形容它極為貼切。在五彩基礎上，受琺瑯彩製作工藝的影響而於康熙朝始創的粉彩。

一直到清雍正年間，美人醉獲得空前的發展，並且有「清一代，以此為甚」。彩料中砷元素的摻入，加上國畫沒骨法渲染手法的運用，突出了書畫的陰陽、濃淡、深淺的立體感，同時粉彩燒成溫度較古彩低，色彩對比較為和諧，因而顯得粉潤柔和。色彩豐富絢爛雅麗，形象逼真，構圖文雅雋秀，正是所謂「鮮嬌奪目，工致殊常」。

值得一提的是集詩、書、畫、印於一身，又以瓷器藝術為第一的督陶官唐英主持下製成的唐窯。其成就輝煌，既是清乾隆時的代表，也是中國制瓷史成就的象徵。

一七二八年，唐英以四十七歲之身協理窯務，以陶人之心主持陶政。胎質、釉面、器型、品種、工藝手法、裝飾形式、釉上和釉下彩繪，無論仿古，無論創新，無不登峰造極。正如《景德鎮陶錄》所述：

公深諳土脈，火性，慎選諸料，所造俱精瑩純金。又仿效古名窯諸器，無不媲美；仿種種名釉，無不巧合，萃工呈能，無不盛備……窯至此，集大成矣！

從清乾隆中期開始，景德鎮的瓷業已露衰落之端倪，到晚清而日趨衰敗，之後又得以再興盛。

閱讀連結

相傳，明代有個皇帝下旨讓御器廠製出紅色瓷器，但是期限將至，瓷器仍未燒成，窯工們惶恐大禍臨頭。老窯工的

女兒得知情況後，十分擔心父親，徹夜不眠。某天夜裡，她夢見神仙告訴她說此器非要女兒身祭燒才能成功，便在第二天來到窯上，趁著眾人不備時跳入窯中，待眾窯工和其父趕過來，只見窯內熊熊烈焰。

眾人哭成一片。

待開窯時，滿窯瓷器釉色殷紅，晶瑩潤澤，就像少女的血染就一般。窯工們為紀念這位以身殉窯的少女，將這種色釉取名為「美人醉」。

▌陶塑之鄉——石灣

■石灣陶塑

石灣位於廣東佛山禪城區。豐富的自然資源、依山傍水的地理位置、水陸暢達的交通條件，使石灣成為中國嶺南重要的陶業基地，被譽為「中國陶藝之鄉」。

石灣陶塑是在日用陶器的基礎上發展而成，從石灣東漢墓出土的陶塑可見其藝術雛形。

特色之鄉：文化之鄉與文化內涵

出產之地 特產之鄉

　　石灣陶瓷早在新石器時代晚期的貝丘遺址中已揭開其燒陶的歷史序篇，而石灣出現大型窯場的歷史最遲可上溯唐朝。學者們在佛山石灣和南海奇石發現的唐宋窯址，挖掘出半陶瓷器，其火候偏低，硬度不高，坯胎厚重，胎質鬆弛，屬較典型的唐代南方陶器。

　　宋代是中國陶瓷極盛時期，整個社會的消費時尚推動陶瓷業的空前發展。從事陶瓷製作的窯場遍佈全國，日用陶瓷、建築園林陶瓷和藝術陶瓷的品種迅速增多，造型、款式日益翻新，因而後世有「唐八百、宋三千」的讚譽。

　　陶瓷器生產是宋代經濟中重要的商品生產之一，在外銷商品中佔極大比例。為適應外銷擴大對外貿易，陶瓷業逐漸從內地向沿海的浙江、福建、廣東、廣西發展。

　　當時石灣交通便利和陶土較為豐富，因此石灣陶業發展迅猛。官窯水道漸趨淤淺，水運交通中心不得不移至佛山和石灣。

　　佛山與石灣相連，汾江和東平河直通廣州，產品運往廣州出口十分便利。臺灣一帶又有陶泥崗沙，取材方便，於是本來就有陶瓷業基礎的石灣便很快發展成為嶺南重要陶器生產基地。

　　宋代石灣生產的日用陶器，造型及裝飾手法都注入了藝術表現形式，器形飽滿、均衡，線條流暢，富有變化，種類也比唐代豐富得多，有魂壇、堆貼瓦檐重疊式矮身陶罐、彩繪花瓶、陶琴等，涉及器皿、文玩、動物、人物等各個陶塑類別。宋代石灣生產的五絃琴，是案頭文玩類陶塑的佳作。

宋代石灣陶器的裝飾藝術非常重視紋飾。紋樣題材廣泛，形象豐富，極盡工巧細密，達到極高的藝術水準。從石灣宋墓和奇石宋窯中出土的遺物來看，宋代「彩繪花卉頗有寫意繪畫的筆意，如繪蘭草、竹葉，用筆疏朗，情趣盎然」。

此外，還有繩紋、弦紋、波浪紋、瓜棱紋、纏枝花卉紋、二方連續紋等。其中纏枝花卉紋十分精美，花卉蔓草舒展自如，纏枝的曲、伸、卷、纏都飽含大自然旺盛的生命力。

石灣地處南國一隅，向來以生產日用陶器為主；製陶技術雖然達到一定的水準，但與北方諸名窯相比仍遜色得多，在宋代陶瓷之林中尚無顯著地位。

南宋至元，佛山是中原移民的聚居地。他們把北方的陶瓷技藝帶到石灣，與石灣原有的技術相融合，大大地提高了石灣陶器製造水準與藝術水準，也讓「石灣集宋代各名窯之大成」，定窯、汝窯、官窯、哥窯、鈞窯等諸名窯產品被石灣模仿得唯妙唯肖，八大瓷系的造型、釉色之美以及裝飾手段也全被石灣消化吸收，從而成為南國以「善仿」為特色的名窯，特別是因「廣鈞」、「泥鈞」而名聞天下。

自明代起，石灣打破過去單純出口日用陶器的狀況，藝術陶塑、建築園林陶瓷、手工業用陶器等不停輸出國外，尤其是園林建築陶瓷，很受東南亞人民的歡迎。

明代以後，種類和題材則漸趨廣泛，漁、樵、耕、讀、牧、弈、飲、琴、游、戲乃至拍蚊、搔癢、挖耳等等百姓日常勞動、生活情景，各類花鳥蟲魚、野獸家畜與菜蔬瓜果等百姓熟悉的事物，以及達摩羅漢、觀音、壽星、濟公、八仙、鍾

尪、關公等等百姓熟悉與喜愛的神仙人物與歷史人物，都在石灣陶塑藝術中得到真實生動的表現；褒忠貶奸、扶正懲邪、祈福求安、尊老愛幼等道德觀念與社會態度在石灣陶塑藝術中得到傳神的呈現。因此，時人稱石灣陶塑題材「堪稱為一部濃縮的中國民俗文化百科全書」。

石灣陶塑技藝具有當地獨特的人文風光與民族特色，在創作上具有特別的藝術風格。「石灣公仔」陶塑按實物形態可分為人物陶塑、動物陶塑、器皿、微塑、瓦脊陶塑五大類。以人物造型為代表的「石灣公仔」陶塑形神兼備，它吸收各種文化藝術精華，高度寫實和適度誇張相結合，兼有生活趣味和藝術品位，形成鮮明的地方風格。

其製作工藝有構思創作、泥料煉製、成形、裝飾、上釉、龍窯煅燒六個環節，其中煅燒的火候全憑師傅的心得體會。龍窯的上中下有高、中、低三種火，分別用於移動燒製物品的不同部位，只有技藝嫻熟的工匠才能把握。

作為民窯，石灣一向以大眾為取向，陶塑藝術因而均以可使用為原則，並將秀美與之結合，有著明顯的裝飾特色。石灣陶塑藝術與建築的關係尤為密切，為了適應祠堂、廟宇和一些建築的裝飾需要，花盆、魚缸、花座、花窗、影壁等製作藝術得以發展；為了滿足宗教活動需要，石灣大量製作了偶像、門神。石灣後來的觀賞、玩賞類陶塑藝術是從實用性很強的準藝術脫胎而來的，所以仍具備一定的可用性。

石灣陶塑工藝的第一特色是造型生動傳神，產品不論人物、動物或器皿的刻畫，都致力於藝術典型化的塑造。每件

作品都有鮮明的個性特徵,達到「百物百形,千人千面」的藝術境界,對物象的刻畫細緻入微,作品因而栩栩如生。

自明清以來,歷代石灣藝人們塑造了數以百次的屈原、鍾馗和關公的形象,面貌長相,大同小異,各具特色,絕無相同。這是藝人們各自強調自己的藝術理解,形成自己風格,而不互相抄襲照搬的緣故。這種造型方法,正是石灣陶塑工藝的優良傳統。

石灣陶塑的第二個特點是胎釉渾厚樸實。它有胎壁厚、釉層厚的古雅厚重的特色。傳統的釉色有七十多種,加上之後首創的十二種結晶釉,共有九十多種釉色。這近百種釉色為石灣陶塑藝術增添五彩斑斕的藝術美感。石灣的名釉品種繁多,有很高的欣賞價值和科學成就,如《石榴紅》、《翠毛釉》、《天目》和《東瓜皮》等,在國內享有名望。

由於石灣制釉採用本地原料為主,並有自己一套燒製技術,各種釉色均有突出的地方特色。陶器胎土的使用方面,石灣的紅、白陶土混合使用,成了區別於不同產地的主要標誌。由於造型和釉色互相配合,產品能有深邃的藝術境界,耐人尋味。

技法多姿多彩,是石灣陶塑的第三個特色。石灣陶塑產品生產的成型技法上,根據普及品的不同要求,適當採用注漿成型技法,既保留了傳統的手工特色,同時滿足大批生產的要求。

在產品的造型技法上,繼承和發展了傳統的刀塑、按塑、捏塑、貼塑四種方法,使各種造型具有氣韻生動的藝術效果。

　　在產品的施釉技術方面，也是多法並用，經常採用的上釉方法包含搽、掛、擋、潑、澆、刮、雕等十幾種按法，各種單色釉和複色釉都要求有藝術效果的大統一和小變化，因此，窯變也是石灣美術陶瓷工藝產品的一個主要特色。

閱讀連結

　　南風古灶位於廣東石灣古鎮東平河畔，建於明代正德年間，是中國最久遠、保存最完好且使用至今的最古老龍窯。

　　傳說南風灶在明代正德年間建成之後，開始燒了第一窯。由於該窯灶是從原來的龍窯進行改進，開窯出來的陶器產品出現前所未有的高品質。陶工們歡呼雀躍。這時有一個乞丐也湊近人群，人們便隨手撿個小盆子給他，後來他就用這個盆子乞食。他乞來的食物多，當天吃不完，就存放在盆子裡，第二天，這些殘菜剩飯居然不會餿臭變質。連續每天都這樣，他把那盆子視為至寶。這事傳開之後，人們都說石灣陶器有寶氣。

▌牡丹之鄉——菏澤

■清代張熊作品《牡丹圖》

　　菏澤，古稱曹州，素有「雄峙烈郡」，「一大都會」之譽。西元一七三五年，清雍正皇帝將曹州升州為府，設附郭縣，賜名「菏澤」。

　　菏澤歷史悠久，文化底蘊深厚，是中國著名的牡丹之鄉。同時也是武術之鄉、書畫之鄉、戲曲之鄉和民間藝術之鄉。

　　牡丹原產中國西北部，多野生於秦嶺和陝北山地，在中國栽培歷史悠久，南北朝時已成為觀賞植物。唐時盛栽於長安，宋時稱洛陽牡丹為天下第一，故牡丹又名洛陽花。同時，牡丹還有一個美麗的傳說故事。

　　相傳唐時，一個冰封大地的寒冷天氣，武則天到後苑遊玩，只見天寒地凍，百花凋謝，萬物蕭條，心裡十分懊惱：若一夜之間，百花齊放，該多好。以我堂堂武則天之威，想那百花豈敢違旨！

想到這，她面對百花下詔令道：「明朝游上苑，火速報春知，花須連夜發，莫待曉風催！」

武則天詔令一出，百花仙子驚慌失措，聚集一堂商量對策。有的說：「這寒冬臘月要我們開花，不合時令，怎能辦到？」

有的說：「武后的聖旨怎麼違背呢？不然，一定會落個悲慘的下場。」

眾花仙默然，她們都目睹過武則天「順我者昌，逆我者亡」的種種行為，怎麼辦呢？第二天，一場大雪紛紛揚揚從天而降，儘管狂風呼嘯，滴水成冰，但眾花仙還是不敢違命。只見後苑中，五顏六色的花朵真的頂風冒雪，綻開了花蕊。

武則天目睹此情此景，高興極了。突然，一片荒涼的花圃映入眼簾，武則天的臉一下子沉了下來，「這是什麼花？怎敢違背朕的聖旨？」

大家一看，原來是牡丹花。

武則天聽聞大怒：「馬上把這些膽大包天的牡丹逐出京城，貶到洛陽去。」誰知，這些牡丹到了洛陽，隨便埋入土中，馬上就長出綠葉，開出花朵嬌豔無比。武則天聞訊，氣急敗壞，派人即刻趕赴洛陽，要一把火將牡丹花全部燒死。

無情的大火映紅了天空，棵棵牡丹在大火中痛苦地掙扎。然而，人們卻驚奇發現，牡丹雖枝幹已焦黑，但那盛開的花朵卻更加奪目。牡丹花就這樣獲得了「焦骨牡丹」的稱號，牡丹仙子也以其凜然正氣，被眾花仙擁戴為「百花之王」。從此以後，牡丹就在洛陽生根開花，名甲天下。

自明代開始，牡丹種植中心移至曹州。菏澤栽培的牡丹，也稱曹州牡丹和曹南牡丹。《曹南牡丹譜》載：「至明，而曹南牡丹甲於海內」。明萬曆年間進士謝肇淛在《五雜俎》中寫道：

余過濮州曹南一路，百里之中，香氣迎鼻，蓋家家圃畦中俱種之，若蔬菜然。……在曹南一諸生家觀牡丹，園可五十多畝，花遍其中，亭榭之處，幾無尺寸僚地，一望雲錦，五色奪目。

清光緒年間的《菏澤縣誌》稱：

牡丹、芍藥各百餘種，土人植之，動輒數十百畝，利厚於五穀。每當仲春花發，出城迤東，連阡接陌，豔若蒸霞。

以上記載，真實生動的描述菏澤「家家植牡丹，戶戶飄花香，大地鋪錦繡，彩霞自天降」的景象。

不僅如此，明時曹州牡丹名園已星羅棋布。如：「凝香園」、「萬花村」、「張花園」、「巢雲園」、「郝花園」、「毛花園」、「趙花園」、「桑梨園」、「鐵藜寨花園」等不下十多處。

明人描述：各園主「雅歌投壺，認客所適……夜色皓月，照耀如同白晝，歡呼謔浪，達旦給歸，衣上系香，經數日而不散也。」清蒲松齡在《聊齋志異》中還把曹州牡丹珍品「葛巾紫」、「玉版白」神話為仙女，寫出了膾炙人口的名篇《葛巾》。

花大、型美、色豔，是菏澤牡丹的顯著特點。古人曾用「花在盈尺」形容其大；「千片赤英霞爛爛，百枝絳點燈煌煌」描述其形貌瑰麗。

在中國牡丹的大家族裡，菏澤牡丹傳統上分三類、十型和九大色系。

菏澤牡丹的三類是單瓣、復瓣、千瓣。單瓣類，花大如盤；復瓣類，花瓣清晰；千瓣類，花瓣重疊繁密。菏澤牡丹的十型是荷花型、菊花型、金蕊型、薔薇型、金環型、托桂型、千層台閣型、樓子臺閣型、皇冠型和繡球型。

菏澤牡丹的九大色系是紅、白、黃、黑、粉、紫、藍、綠和複色。

紅色花系，是牡丹園的大家族，品種多達兩百多個，其中還有深淺之分。如「一品朱衣」，猩紅欲流，芳冠百花；「春紅嬌豔」，朝霞藏日，光彩陸離；「紅繡球」，深淺相間，胭脂染成。

黃色花系，如「姚黃」、「金玉交章」，端莊典雅，姿貌絕倫。

白色花系如「冰壺獻玉」、「崑山夜光」、「玉板白」等素潔無瑕，清爽襲人。

藍色花系雖不如紅色品種多，但卻也姐妹成群。「藍寶石」、「藍花魁」、「紫藍葵」、「吊枝藍」、「冷光藍」、「藍田玉」，都是牡丹之中的上品。

「藍田玉」就是清代曹州花農趙玉田精心培育而成的。此花枝形開張，花蕾圓大，花開時呈淺粉藍色，花朵直上，藍光閃閃，非常惹人喜愛。當時，曹州知府馬幫舉對此花大加讚賞，曾親筆題寫「似蘭如松」匾牌授予了趙玉田。

　　粉色花系也是牡丹園裡一大分支。「粉綵球」、「粉容面」、「粉翠球」、「賽鬥珠」、「翠娥嬌」、「青龍臥粉池」，這些都是牡丹花中名品。再如「趙粉」，稍彎曲的枝幹，粗壯的花梗，黃綠色的葉面，圓尖型的花蕾，側開、大型的花朵，細膩整齊的花瓣，發出陣陣清香，分外誘人。

　　紫色花系在菏澤牡丹品種繁多；除魏紫外，還有「葛巾紫」、「紫金盤」、「紫霞點金」、「邦寧紫」等。「邦寧紫」，就是明代曹州花農趙邦寧多年心血的結晶。

　　綠色、黑色和複色花系，如「蘭綠」、「冠世墨玉」、「二喬」等，均是色奇出眾，別有千秋。

　　各色都數十個或上百個品種，可謂千姿百態，各俱風韻。在菏澤牡丹不斷發展和壯大進程中，給後人留下許多膾炙人口的美麗傳說，如花魁傳說故事。

　　相傳，菏澤有個青年花農，做夢都想著能把「花魁」的金匾掛在自己的門口。百花仙子告訴他，你如果真有志氣，就要到黃河灘上取土，到東海汲水，花魁才能屬於你。

　　說完，百花仙子從頭髮上拔下碧玉丟在地上，那玉綠光一閃，就不見了。青年花農跋山涉水，歷經磨難，終於在玉入土的地方培育出一株綠牡丹，奪得了「花魁」金匾。這樣，豆綠也就成了牡丹中的珍品。

特色之鄉：文化之鄉與文化內涵
出產之地 特產之鄉

　　除山東菏澤外，重慶墊江和四川彭川也有牡丹之鄉之說。彭州又名天彭，位於成都平原西北，蜀中膏腴之地，物華天寶，民殷物阜，素有「花州」之稱。

　　天彭牡丹因其發源地丹景山麓湔江口天彭門而出名，人工栽植觀賞始於唐，到了宋代就與洛陽牡丹齊名。大詩人陸游《天彭牡丹譜》云：「牡丹在中州，洛陽為第一；在蜀，天彭為第一。」當時彭州就享有「牡丹鄉」之美名。南宋時期獨領風騷，彭州成為當時「中國牡丹的栽培中心」。

　　天彭牡丹的特點是園藝程度高，花型演化程度也高，高度重瓣化，有的花瓣可多達八百八十多瓣，花徑甚至大到三十五公分，植株較高大，淺根系，耐濕熱，適宜於多雨濕熱地區栽培。在觀賞上，尤以天然野趣獨步天下。

　　墊江牡丹系華夏牡丹之源，從西漢武帝年間種植開始，已有近三千年的種植歷史，在遼闊的神州大地有「華夏牡丹源」之說。

　　傳說，東晉畫家顧愷之遊墊江，第一次看到國色天香的牡丹花後驚嘆不已，回到京都創作《洛神賦圖卷》，開創中國牡丹花入畫的歷史先河，被皇室列入珍品加以收藏。

　　墊江牡丹花型大，花姿美，花期長，其花色有大紅、粉紅、白色等等，品種有太平紅、千層香、悠山豔、羅堅紅、長康樂等。

唐玄宗李隆基喜愛牡丹，其貴妃楊玉環寵愛牡丹，都城長安的沉香亭畔和行宮驪山等處均種植有名貴牡丹，對牡丹的發展造成了積極的推動作用。唐玄宗召洛陽花師宋單父在驪山種植牡丹萬餘株，色樣各不同。

有一次，唐玄宗和貴妃楊玉環在沉香亭前賞牡丹，命大詩人李白進《清平調三首》，處處把牡丹和楊貴妃相喻，花即人，人即花，名花、美人相得益彰，「名花傾國兩相歡，常得君王帶笑看」。唐玄宗大喜。唐玄宗還把牡丹賜給寵臣，以示皇恩浩蕩。

▌黃酒之鄉──紹興

■紹興黃酒

黃酒為世界三大古酒之一，源於中國，唯中國有之，可稱獨樹一幟。黃酒產地較廣，品種較多，著名的有紹興加飯酒、福建老酒、江西九江封缸酒、江蘇丹陽封缸酒等。但是，

特色之鄉：文化之鄉與文化內涵
出產之地 特產之鄉

最能夠代表中國黃酒特色的，首推紹興酒。正因為如此，紹興被譽為「中國黃酒之鄉」。

紹興黃酒是種營養豐富的低酒精濃度飲料，素有「液體麵包」的美稱。紹興酒有著悠久的歷史，從春秋時的《呂氏春秋》記載起，歷史文獻中就屢次出現。

最早以紹興地名作為地方名酒之名的，當推南朝梁元帝蕭繹所著的《金縷子》，書中提到「銀甌一枚，貯山陰甜酒」，其中山陰甜酒中的山陰即紹興。

晉代嵇含所著筆記《南方草木狀》中第一次提到了「女酒」，也可知道當時釀酒已普及到家庭中，而此「女酒」即後來聲名遠播的「花雕酒」前身。唐代的紹興酒，其名氣不及當時浙江烏程的若下酒，但又不像若下酒在宋以後便銷聲匿跡。

在唐代，紹興酒以其獨特的地方魅力吸引著無數的名人墨客、名人志士，「酒八仙」之首的賀知章、「詩仙」李白等都曾在越地留下不少對越酒的吟詠和高歌。

紹興酒到宋代才定名。宋朝以前，紹興一直是越國越州的都城，州治，下轄會稽、山陰等郡縣，到西元一一三一年南宋皇帝趙構以「紹萬世之宏休，興百王之不緒」之義，改年號為紹興元年。當時越州官吏軍民僧道士聯合上表，乞賜府額。趙構即升越州為紹興府，取「承繼前業，振興昌盛」之意，紹興之名由此而來。

由於紹興酒業的興盛，各種酒名也在這一時期大量出現，如「竹葉青」、「瑞露酒」、「蓬萊春」、「堂中春」等。

明清時期，可算得上紹興酒發展的第一高峰，不但花色品種繁多，品質也是上乘，確立中國黃酒之冠的地位。

當時紹興生產的酒就直呼紹興，到了不用加「酒」字的地步，特別是清代設立於紹興城內的沈永和釀坊，以獨創的「善釀酒」享譽海內外。康熙年間的「越酒行天下」之說即是當時盛況的最好寫照。

清末，紹興酒聲譽遠播中外，在美國舊金山舉辦的巴拿馬太平洋萬國博覽會，「雲集信記」酒坊的紹興酒獲得金獎。

紹興酒之所以聞名於海內外，主要在於其優良的品質。清代詩人、散文家袁枚《隨園食單》中讚美：

紹興酒如清官廉吏，不參一毫假，而其味方真又如名士

耆英，長留人間，閱盡世故而其質愈厚。

清代中期的烹飪書《調鼎集》中，把紹興酒與其他地方酒相比認為：

像天下酒，有灰者甚多，飲之令人發渴，而紹酒獨無；天下酒甜者居多，飲之令人體中滿悶，而紹酒之性芳香醇烈，走而不守，故嗜之者為上品，非私評也。

《調鼎集》還對紹興酒的品質作了「味甘、色清、氣香、力醇之上品唯陳紹興酒為第一」的概括。可見，紹興酒的色香味格已在酒類中獨領風騷。

紹興黃酒品種甚多，著名的有元紅酒、加飯酒、花雕酒、善釀酒、香雪酒等。花雕酒又名「女兒酒」，說起這個名字，還有一個故事呢！

特色之鄉：文化之鄉與文化內涵

出產之地 特產之鄉

　　從前，紹興有個裁縫師傅，娶了妻子就想要兒子。一天，他發現妻子懷孕了，高興極了，興沖沖地趕回家去，釀了幾罈酒，準備得子時款待親朋好友。不料，他妻子生了個女兒。

　　當時，社會上的人都重男輕女，裁縫師傅也不例外。他氣惱萬分，就將幾罈酒埋在後院桂花樹下了。光陰似箭，女兒長大成人，生得聰明伶俐，居然把裁縫的手藝都學得非常精通，還習得一手好繡花，裁縫店的生意也因此越來越旺。

　　裁縫覺得這個女兒還真不錯，於是決定把她嫁給最得意的徒弟，高高興興地給女兒辦婚事。成親之日，擺酒請客，裁縫師傅喝得很高興，忽然想起了十幾年前埋在桂花樹底下的幾罈酒，便挖出來請客。

　　結果，一打開酒罈，香氣撲鼻，色濃味醇，極為好喝。於是，大家就把這種酒叫為「女兒酒」，又名「女兒紅」。

　　此後，隔壁鄉居，遠遠近近的人家生了女兒時，就釀酒埋藏，嫁女時就掘酒請客，形成當地的風俗習慣。後來連生男孩子時，也依照著釀酒、埋酒，盼兒子中狀元時慶賀飲用。於是這酒又叫「狀元紅」。

　　「女兒紅」、「狀元紅」都是經過長期儲藏的陳年老酒，因為實在太香太好喝，人們都把這種酒當名貴的禮品來贈送了。

閱讀連結

　　濃濃的黃酒中滲透著無數名人趣事美談，最令人稱道的當屬「曲水流觴」這一千古風雅酒會。

東晉永和年間的三五三年，大書法家王羲之和當時名士謝安、孫綽、許詢、支遁等四十二人在會稽蘭亭舉行了一場別開生面的詩歌會，曲水流觴，即興賦詩。王羲之更是乘著酒興寫下名震千古的《蘭亭集序》。傳說王羲之後來多次書寫都不能達到原來的境界，不僅表明藝術珍品需在天人合一的環境下造就，也在一定程度上表現出酒的神力。

▌花炮之鄉——瀏陽

■放鞭炮的孩童塑像

瀏陽，位於湖南東北部，因縣城位於瀏水之陽而得名。瀏陽的煙花鞭炮久負盛名，素有「鞭炮之鄉」譽稱。瀏陽花炮與中國古老的民俗一度結下不解之緣。

每逢民間傳統節日，如春節、元宵節，或各種慶典晚會，人們便會爭放鞭炮煙花以示喜慶。煙花的結構新穎，裝潢美觀，燃放時絢麗多彩、有聲有色，能給人以清新舒暢，歡快曠達的感受。

　　特別是夜間燃放的五彩繽紛，令人目不暇接，因此被賦予「瀏陽花炮震天下」的美名。

　　歷史上對鞭炮的起源曾有很多記載，如據傳爆竹的發明者為唐代的李畋，而他也被奉為鞭炮業的祖師。唐代的《異聞錄》記載：

　　李畋居中，鄰人仲叟家為山魈所祟，畋命旦夕於庭中用竹著火中，鬼乃驚遁，至曉，寂然安貼。

　　看來，最早的「爆竹」大抵是經火燒竹子所發出的爆裂之聲，待火藥發明後才有紙卷爆竹。

　　瀏陽花炮作為最具代表性的爆竹種類，產生於唐宋時期，包括鞭炮和煙花。

　　花炮與煙火的製造，源於別出心裁的燃放爆竹方式，如將未燃的爆竹掰開，斷口處的黑硝見火會噴出一股火焰，將圍成一圈折斷的鞭炮引燃，並且會爆出一團藍色的火，讓一顆顆小小的火花漫騰起來，炸出來多姿多彩的情趣。

　　置於容器中蓋著炸，聲音甕聲甕氣；丟在水裡炸，會炸得孩子滿身泥水、滿臉傻笑。放鞭炮的花樣名目繁多，往空中一甩為「沖天爆」，將爆竹裹在泥團裡扔在空中，泥雨四濺者名曰「龍王送雨」，將點燃的鞭炮丟進水塘，水花四濺，曰「蘊著發」。

　　這些別出心裁的燃放方式所引發的想像，已具有花炮和煙火的雛形。自然，製造花炮主要還是滿足官府慶典的需要。

傳說清雍正皇帝登基時，為改元正朔，要在元年元宵佳節燃放響炮、花炮，便傳旨給鞭炮行業。當時的瀏陽官吏誠惶誠恐，四處張貼告示廣納良才，並指令鞭炮能手李泰限期創出新花進貢，使李泰寢食不安。

　　有一天，李泰路過鐵匠鋪，見錘下星火四射，有長有短，有紅有白，有粗有細，有粒有絲，頓生靈感。隨後李泰掃了一些鐵屑，回到家中把其錘得粉碎，再摻以火藥和米湯攪和在一起。鐵砂、火藥攪拌成大小粗細不等的模樣，再以黑硝作動力，裝於底部導火線處，創造出噴射花色形態各異、或梅或菊的花朵來。

　　待李泰的新花在紫禁城上空高升鑽天，落下繽紛的花雨，雍正皇帝看得眼花繚亂。從此，瀏陽便享有「花炮之鄉」的美名。

　　瀏陽花炮的生產採用傳統的手工技藝，使用就地取材的土紙、土硝、硫磺、炭末、紅白泥土等作為加工原料，總共有十二道流程、七十二道手續。

　　瀏陽花炮的品種名目繁多，按燃放效果主要可分成十三大類，包含噴花類、旋轉類、火箭類、小禮花類等；其中具體又可分為冷光煙花、禮花彈、盆花、電光花、舞台煙花、冷煙火、瞬間煙花、火炬煙花等三千多種。

　　另外，瀏陽生產的大型煙花，通常是用來提供大型煙火晚會欣賞而製造，主要種類有「煙火字幕」、「禮花彈」、「火箭」、「架上煙花」等這幾種，每年都有數十至上百個品類、規格。

其中，冷光煙花又稱冷煙火、冷煙花，無毒無味，燃點低，燃放時甚至可用手觸摸，是最流行的煙花產品。此類煙花在各種喜慶婚慶晚會、慶典、舞台表演、煙火晚會中大受歡迎，是一種美觀實用的喜慶禮儀用品。

玩具煙火是以其色彩、音響、運動和煙霧造型取勝，被外商譽為「有聲有色」的好煙花。如「全家樂」就以其特有的聲、色組合受到人們的喜愛，可謂瀏陽花炮，縱橫馳騁，響徹四方。

此外，瀏陽又被稱作夏布之鄉。瀏陽夏布，又叫苧麻布，是馳名中外的傳統產品。據地方志記載，以苧麻、大麻為原料的瀏陽夏布，曾以織工精巧、質地特別細膩而稱雄於世，明代即被列為朝廷貢品，歷來有杭州紡綢換瀏陽夏布之說，清中葉已負盛名。

閱讀連結

相傳在一四〇〇年前，南川河兩岸時聞有人被山魈所害，連唐太宗李世民都被驚擾得龍體不安，遂下詔全國求醫。出生於湖南瀏陽南鄉大瑤的李畋費盡苦心研製出爆竹，它不僅用來驅祟闢邪，保護一方平安，更為太宗驅鎮邪魅。李畋救駕有功，因此被唐太宗敕封為「爆竹祖師」。

中國煙花爆竹的誕生發展過程，充分展現出古人的無窮智慧。

織錦之鄉──湘西

■唐代織錦

　　湘西位於湖南西北部，雲貴高原東側的武陵山區，素為湘、鄂、渝、黔咽喉之地。湘西物華天寶，資源豐富。其中，湘西酉水流域土家族地區是土家錦的原生地和最後一塊熱土，也是全國土家族中仍保留民間織造風尚的唯一區域。

　　土家織錦，就是土家姑娘用一種古老的腰機，以棉紗為經、五彩絲線或棉線為緯，用手工織成的手工藝術品。土家錦以獨特的方式蘊含本民族的文化心理和不同時代的文化積累，充分展現出古人的創造力。因此，湘西被譽為「土家錦之鄉」。

　　湘西土家族織錦技藝歷史悠久，自成形以來已有一千五百多年的歷史，呈現出中國少數民族織錦技藝體系的基本特徵。

　　土家織錦歷史悠久，源遠流長，至少可以上溯到四千多年前的古代巴人時期。作為土家族先民的古代巴人，他們除

了從事農業生產外，還善於紡織，其「桑蠶、麻」成為貢品。據史籍記載，「禹會諸侯於會稽，執玉帛者萬國，巴蜀往焉」。

秦漢時期，土家族地區的紡織業有所發展，土家先民以紡織品交納賦稅。《後漢書·西南蠻夷傳》記載，「武陵蠻織績木皮，染以草，衣裳斑斕。」

三國時期，在蜀國丞相諸葛亮「今民貧國虛，決敵之資唯仰錦耳」的決策下，土家族人民逐漸掌握漢族先進的染色技術，編織出五彩斑斕的「土錦」。

唐宋時期，隨著土家族地區與漢族經濟交流的增加，土家族地區的紡織業出現了「女勤於織，戶多機聲」的社會風氣。當時土家族的「土錦」被漢人稱為「溪布」、「峒布」或「峒錦」。

元、明、清土司時期，湖南、湖北土家先民用絲、棉織峒錦、峒被、峒巾、色彩斑斕，「作鶴、鳳、花鳥之狀」。《大明一統志》載：「土民喜服五色斑衣。」

在土家族的織錦品種中，西蘭卡普是上乘的織錦，為朝廷貢品，圖案多達兩百多種。它是以絲、棉、麻、毛線等為原料，一般以紅、藍、青色棉線為經線，自由選擇各色棉線、絲線或者毛線作緯線，用古式木織機、挑花刀，採取通經斷緯反面挑織的方法手工挑織而成。

明清時期，西蘭卡普工藝進一步發揮，西蘭卡普被稱作「土錦」、「花布」等，且大量用於服飾，逐漸形成獨特的織錦程式。

清康熙、乾隆時期實行改土歸流後，土家族西蘭卡普的挑織技藝進一步提高，尤其是土家族姑娘，從小便隨其母親、姐姐操習挑織技藝。姑娘長大出嫁時，還必須有自己親手編織的西蘭卡普作陪嫁品，以及婚後生小孩搖籃裡的小兒床套、蓋裙、背袋等物，都得姑娘親手編織。因而這種工藝得以發揚光大。此後，這種織錦技藝代代相傳。

　　土家錦俗稱「花」，主要有西蘭卡普和花帶兩大品種。其中西蘭卡普最具代表性和典型性。西蘭卡普最醒目的藝術特徵是豐富飽滿的紋樣和鮮明熱烈的色彩。

　　西蘭卡普的圖案題材廣泛，內容幾乎涉及土家人生活的各個方面，基本定型的傳統圖案已達兩百多種，包含花鳥魚蟲、山川景物和吉祥的文字，還能織出民間故事、寓言等畫面，題材選用與土家人生活和習俗有著密不可分的聯繫。

　　西蘭卡普的圖案紋樣可分成自然物象圖案、幾何圖案、文字圖案各個大類。這些裝飾紋樣的風格，是在原始的幾何紋、漢代的雲氣紋、唐代的牡丹、元代的松竹梅、明代的串枝蓮等各歷史時期的典型圖案基礎上，經藝術變形、技術處理挑織而成。

　　構圖中多採用浪漫主義的概括、變形、誇張等手法，巧妙地將各種動和靜的形體、自然紋樣和幾何紋樣有機地結合，使整個圖案既富有生活情趣，又具有鮮明的民族特色。

　　西蘭卡普圖案的色彩鮮明熱烈，喜用對比色，用黑白襯托鉤提。各種鉤狀、鋸齒狀、梳齒狀、縫合狀、連鎖等裝飾，加上各種多角形的小花作為點綴，又以黑色襯底，以白色鑲

邊。於是，主次紋樣由於黑白的襯托而顯得既是界限分明，又是連成一體。

西蘭卡普在色彩運用上，既有唐代五彩繽紛的強烈對比，又有清代素雅大方的色調調和。土家人崇尚紅、黑色，因紅色系暖色，代表光明，黑色為冷色，象徵莊重，故西蘭卡普以紅色為主，以黑色為輔，間之以黃藍白色參差點綴。

西蘭卡普作為土家民族文化的重要組成部分，內容上既反映繼承該民族傳統文化和工藝為內涵的品格，同時呈現出以融合各民族先進文化因素為外延的社會與時代特徵。它在傳播優秀文化的同時，也在不斷吸收外來先進文化來豐富發展自己。如土家西蘭卡普的「福祿壽喜」、「富貴雙全」等漢字題材的織錦圖案，就是展現漢土文化交流的織錦工藝品。

閱讀連結

關於西蘭卡普的起源和發展，史籍中只有零零碎碎的記載。《後漢書 · 西南蠻夷傳》所說哀牢夷「織文革綾錦」的「蘭干細布」，就是西蘭卡普的前身。土家族長於織作的悠久傳統一直保留下來，直到改土歸流前後，不論男女還保持著「喜斑斕服色」的習俗。

一般文獻上對於西蘭卡普給予了諸種不同的名稱：

清同治年間修的《龍山縣誌》云：土錦「或作衣裙，或作巾，故又稱崗巾」。

《永順府志》云：「斑布即土錦。」

所謂「崗巾」、「土錦」等相似稱謂皆指西蘭卡普。

國家圖書館出版品預行編目（CIP）資料

特色之鄉：文化之鄉與文化內涵 / 袁鳳東 編著 . -- 第一版 .
-- 臺北市：崧燁文化，2020.03
　　面；　公分
POD 版

ISBN 978-986-516-124-8(平裝)

1. 文化產業 2. 中國

541.292　　　　　　　　　　　108018533

書　　　名：特色之鄉：文化之鄉與文化內涵

作　　　者：袁鳳東 編著

發 行 人：黃振庭

出 版 者：崧燁文化事業有限公司

發 行 者：崧燁文化事業有限公司

E - m a i l：sonbookservice@gmail.com

粉 絲 頁：　　　　　網 址：

地　　　址：台北市中正區重慶南路一段六十一號八樓 815 室

8F.-815, No.61, Sec. 1, Chongqing S. Rd., Zhongzheng

Dist., Taipei City 100, Taiwan (R.O.C.)

電　　　話：(02)2370-3310 傳　真：(02) 2388-1990

總 經 銷：紅螞蟻圖書有限公司

地　　　址: 台北市內湖區舊宗路二段 121 巷 19 號

電　　　話:02-2795-3656 傳真:02-2795-4100　　網址：

印　　　刷：京峯彩色印刷有限公司（京峰數位）

定　　　價：200 元

發行日期：2020 年 03 月第一版

◎ 本書以 POD 印製發行